100만 중국어 학습자가 선택한 **중국어 회화 시리즈** 베스트셀러!
『**맛있는 중국어**』 회화 시리즈가 6단계로 개편됩니다.

구판

맛있는 중국어
Level ❶ 上

맛있는 중국어
Level ❶ 下

맛있는 중국어
Level ❷

맛있는 중국어
Level ❸

맛있는 중국어
Level ❹

맛있는 중국어
Level ❺

최신개정판

맛있는 중국어
Level ❶ 첫걸음

맛있는 중국어
Level ❷ 기초 회화

맛있는 중국어
Level ❸ 초급 패턴1

맛있는 중국어
Level ❹ 초급 패턴2

맛있는 중국어
Level ❺ 스피킹

맛있는 중국어
Level ❻ 중국통

회화

첫걸음·초급
- ▶ 중국어 발음과 기본 문형 학습
- ▶ 중국어 뼈대 문장 학습

초·중급
- ▶ 핵심 패턴 학습
- ▶ 언어 4대 영역 종합 학습

맛있는 중국어 Level ❶ 첫걸음

맛있는 중국어 Level ❷ 기초 회화

맛있는 중국어 Level ❸ 초급 패턴1

맛있는 중국어 Level ❹ 초급 패턴2

맛있는 중국어 Level ❺ 스피킹

맛있는 중국어 Level ❻ 중국통

기본서

- ▶ 재미와 감동, 문화까지 **독해**
- ▶ 어법과 어감을 통한 **작문**
- ▶ 60가지 생활 밀착형 회화 **듣기**

- ▶ 이론과 트레이닝의 결합! **어법**
- ▶ 듣고 쓰고 말하는 **간체자**

맛있는 중국어 독해 ❶❷

NEW맛있는 중국어 작문 ❶❷

맛있는 중국어 듣기

NEW맛있는 중국어 어법

맛있는 중국어 간체자

비즈니스

- ▶ 비즈니스 중국어 초보 탈출! **첫걸음**
- ▶ 중국인 동료와 의사소통이 가능한 **일상 업무편**
- ▶ 입국부터 출국까지 완벽 가이드! **중국 출장편**
- ▶ 중국인과의 거래, 이젠 자신만만! **실전 업무편**

맛있는 비즈니스 중국어 Level ❶ 첫걸음

맛있는 비즈니스 중국어 Level ❷ 일상 업무

맛있는 비즈니스 중국어 Level ❸ 중국 출장

맛있는 비즈니스 중국어 Level ❹ 실전 업무

쉽게! 재미있게! 가볍게! 반복적으로!
다양한 무료 콘텐츠로 『맛있는 중국어』를 즐기세요!

워크북(별책)

본책에서 학습한 내용을 복습할 수 있습니다.

핵심 문장 카드

1단계의 핵심 문장을 정리해 놓았습니다. 잘라서 카드 링으로 연결하면 학습하기 편리합니다.

단어 카드(PDF 파일 다운로드)

각 과의 학습 단어가 정리되어 있습니다. 파일을 다운로드하여 스마트폰 등에 담아 틈틈이 단어를 암기할 수 있습니다.

복습용 워크시트(PDF 파일 다운로드)

각 과의 학습 단어와 「맛있는 문장 연습」의 문장을 써보며 복습할 수 있습니다.

암기 동영상

깜빡이 학습법으로 각 과에 나온 모든 단어를 자동으로 암기할 수 있습니다.

트레이닝 듣기

각 과의 시작 페이지에 있는 QR 코드를 스캔하면 듣고 따라 말하는 트레이닝 버전의 듣기 파일을 들을 수 있습니다.

유료 동영상 강의(할인 쿠폰 수록)

첫걸음 학습자들을 위해 중국어 발음과 핵심 문형을 혼자서 학습할 수 있게 알려 줍니다.

 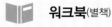

최신 개정

맛있는 중국어
Level ① 첫걸음

JRC 중국어연구소 기획·저

맛있는 books

최신 개정

맛있는 중국어 Level ❶ 첫걸음

제1판 1쇄 발행	2005년	2월	1일
제2판 1쇄 발행	2012년	1월	20일
제2판 136쇄 발행	2021년	2월	25일
제3판 1쇄 발행	2021년	4월	15일
제3판 18쇄 발행	2024년	11월	30일

기획·저	JRC 중국어연구소
발행인	김효정
발행처	맛있는books
등록번호	제2006-000273호

주소	서울시 서초구 명달로 54 JRC빌딩 7층
전화	구입문의 02·567·3861 ㅣ 02·567·3837
	내용문의 02·567·3860
팩스	02·567·2471
홈페이지	www.booksJRC.com

ISBN	979-11-6148-052-7 14720
	979-11-6148-051-0 (세트)
정가	15,000원

머리말

『맛있는 중국어』 회화 시리즈는 중국어를 '쉽고 재미있게' 배울 수 있도록 2002년부터 JRC 중국어연구소에서 오랫동안 연구 개발한 교재입니다. 2002년 처음으로 교재로 사용되었으며, 2005년 정식 출간된 후 다양한 교육 현장에서 사용되어 베스트셀러로 자리매김하였습니다. 이후 한 차례의 개정을 통해 지금까지 모두 100만 부가 판매되는 놀라운 기록을 달성하였습니다.

『맛있는 중국어』 최신 개정판은 몇 년 전부터 기획되어 진행되었으며 오랜 고민과 노력을 통해 재탄생하였습니다. 중국어를 쉽고 재미있게 배워야 한다는 기존 콘셉트를 최대한 유지하면서, 시대의 변화를 반영하고 학습의 편의성을 실현하는 데 개편의 중점을 두었습니다.

기존의 『맛있는 중국어 Level ①~⑤』는 『맛있는 중국어 Level ①~⑥』 총 6단계로 개편되었으며 듣기, 말하기, 읽기, 쓰기를 모두 자연스레 익힐 수 있도록 구성하였습니다.

제1단계, 제2단계는 중국어 발음과 기초 회화 학습에 중점을,
제3단계, 제4단계는 중국어의 뼈대를 세우고 어순 훈련 및 회화 학습에 중점을,
제5단계, 제6단계는 상황별 회화와 관용 표현 및 작문 학습에 중점을 두었습니다.

별책으로 제공되는 『워크북』에는 간체자 쓰기와 효과적인 복습을 도와주는 학습 노트를 담았으며, 「복습용 워크시트」, 「단어 카드」 등을 별도로 구성하여 학습에 도움을 주고자 최대한 노력하였습니다.

중국어를 어떻게 하면 잘할 수 있을까요?
영어처럼 10년을 공부하고도 한마디도 말할 수 없다면……

『맛있는 중국어』 회화 시리즈는 여러분이 맛있고 재미있게 중국어를 학습할 수 있도록 모든 재료를 갖추어 놓았습니다. 하지만 여러분이 직접 요리하지 않는다면 소용없겠죠? 언어는 어떻게 시작하느냐가 중요합니다. '읽기 위주의 학습 습관'에서 벗어나, 어린아이가 처음 말을 배울 때처럼 '귀로 듣고 입으로 따라하기' 위주로 중국어를 시작해 보세요. 그리고 꾸준히 즐겁게 학습해 보세요! 어느새 중국어가 입에서 술술~ 재미가 솔솔~ 여러분의 향상된 중국어를 체험하실 수 있을 겁니다.

지금까지 현장에서 끊임없이 의견을 주신 선생님들과 최고의 교재를 만들고자 오랜 고민과 노력을 기울인 맛있는북스 식구들, 그리고 지금까지 『맛있는 중국어』를 사랑해 주신 모든 독자분들께 다시 한번 감사의 인사를 전하며, 이 책이 여러분의 중국어 회화 성공에 도움이 되기를 진심으로 바랍니다.

JRC 중국어연구소 김효정

차례

발음편

기초회화편

맛있는 중국어 Level ① 첫걸음

과	단원명	핵심 문장	학습 포인트		플러스 코너
9	我们都不去。 우리는 모두 가지 않아요.	• 我们都不去。 • 他们也都不去。	**표현**	의사 표현 익히기	문화 보안 검색대가 지하철역에?!
			어법	인칭대사 동사술어문 也와 都	
10	哪个好看? 어느 것이 예쁜가요?	• 这个贵不贵? • 哪个好看? • 那个最好看。	**표현**	선택 표현 익히기	그림 단어 쇼핑
			어법	형용사술어문 지시대사 哪个 정도부사	
11	你学什么? 당신은 무엇을 배워요?	• 你学什么? • 我学汉语。 • 汉语怎么样?	**표현**	학습 관련 표현 익히기	문화 중국의 대학 생활 은 달라요
			어법	목적어의 위치 什么 怎么样	
12	她是谁? 그녀는 누구예요?	• 她是谁? • 她是不是你的女朋友?	**표현**	대상 묻고 답하기	게임 잰말놀이(2)
			어법	是자문 조사 的 谁	
13	咖啡店在哪儿? 카페는 어디에 있나요?	• 咖啡店在哪儿? • 就在那儿。	**표현**	장소 묻고 답하기	문화 커피를 즐기는 한국, 차를 즐기는 중국
			어법	동사 在 哪儿 这儿과 那儿	
14	现在几点? 지금 몇 시예요?	• 现在几点? • 现在三点。	**표현**	시간 묻고 답하기	그림 단어 일상생활
			어법	명사술어문 숫자 읽기 시간 표현법	
15	这儿有什么? 여기에는 무엇이 있나요?	• 这儿有热狗吗? • 这儿没有热狗。 • 有汉堡包和三明治。	**표현**	주문 관련 표현 익히기(1)	문화 패스트푸드점에서 아침을 즐겨요
			어법	有자문 和	
16	给我们两杯可乐。 우리에게 콜라 두 잔 주세요.	• 我们要两个汉堡包。 • 给我们两杯可乐。	**표현**	주문 관련 표현 익히기(2)	게임 퍼즐
			어법	양사 이중목적어	

7

이 책의 구성

『[최신 개정] 맛있는 중국어 Level ❶ 첫걸음』은 중국어 기초에서 가장 중요한 **발음**과 **성조**를 배우는 「**발음편**」과 중국어의 **기본 문형**을 배우는 「**기초회화편**」으로 구성되어 있습니다.

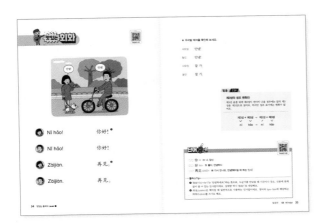

맛있는 회화

일상생활과 밀접한 주제로 대화문이 구성되어 있어 실용적이며 각 과의 핵심 표현이 녹아 있어 자연스럽게 어법 학습이 가능합니다.

단어

각 과의 학습 단어를 알아보기 쉽게 정리했습니다.

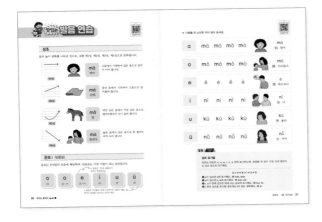

맛있는 발음 연습

기본 발음을 학습한 후에 단어로 발음을 연습하도록 단계적으로 구성되어 있습니다. 주의해야 할 발음과 병음 표기법도 상세하게 설명해 놓았습니다.

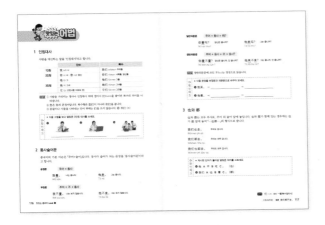

맛있는 어법

중국어 기초 어법의 뼈대를 다질 수 있습니다. 각 과의 핵심 어법이 체계적으로 정리되어 있으며 「확인 체크」를 통해 학습 내용을 점검할 수 있습니다.

맛있는 문장 연습

기본 문형을 좀 더 다양하게 익힐 수 있습니다. 기본 뼈대 문장에서 활용된 다양한 문장을 큰 소리로 따라 읽다 보면 문장을 막힘없이 말할 수 있습니다.

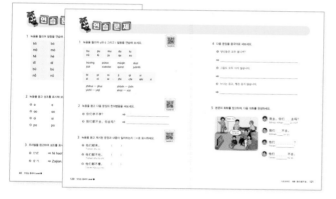

그림 보고 말하기

제시된 그림을 보고 상황을 중국어로 말하는 능력을 배양할 수 있어 중국어를 한층 더 자유자재로 구사할 수 있습니다.

연습 문제

듣기, 말하기, 읽기, 쓰기 등 다양한 문제로 각 과의 학습 내용을 충분히 복습할 수 있습니다.

플러스 코너

「중국 문화」, 「그림으로 배우는 단어」, 「게임으로 즐기는 중국어」 등 다양한 코너를 통해 중국어 학습에 재미를 더했습니다.

종합 평가

1단계의 주요 학습 내용으로 문제가 구성되어 있습니다. 문제를 풀며 자신의 실력을 체크해 보세요.

핵심 문장 카드

1단계의 핵심 문장을 정리해 놓았습니다. 녹음을 들으며 중국어가 자연스럽게 나올 때까지 연습해 보세요.

워크북(별책)

간체자 쓰기, 녹음 듣고 발음과 성조 쓰기, 질문에 중국어로 답하기 등 다양한 코너로 학습한 내용을 복습해 보세요.

🎁 무료 콘텐츠

단어 카드(PDF 파일)

각 과의 학습 단어가 정리되어 있습니다. PDF 파일을 다운로드하여 스마트폰 등에 담아 틈틈이 단어를 암기할 수 있습니다.

복습용 워크시트(PDF 파일)

각 과의 학습 단어와 「맛있는 문장 연습」의 문장을 써보며 복습할 수 있습니다.

암기 동영상

깜빡이 학습법으로 각 과에 나온 모든 단어를 자동으로 암기할 수 있습니다.

* 단어 카드, 복습용 워크시트는 맛있는북스 홈페이지의 「**자료실**」에서 다운로드할 수 있습니다.

MP3 파일 이용법

🎧 MP3 파일 듣는 방법

방법1

책 속의 **QR 코드**를 **스캔**하면 녹음을 들을 수 있습니다.

방법2

맛있는북스 홈페이지에 로그인한 후 MP3 파일을 다운로드할 수 있습니다.

🎧 MP3 파일 폴더 구성

1 **본책** 본책의 「맛있는 회화」, 「단어」, 「맛있는 발음 연습」, 「맛있는 문장 연습」, 「그림 보고 말하기」, 「연습 문제」, 「종합 평가」, 「핵심 문장 카드」 등의 녹음 파일이 들어 있습니다.

* 트랙 번호 보는 방법　　과 번호 ─── ─── 트랙 번호

Track01·01

2 **트레이닝** 각 과의 시작 페이지에 있는 **트레이닝 듣기**의 녹음 파일이 들어 있습니다.

3 **워크북** 별책으로 제공되는 워크북의 녹음 파일이 들어 있습니다.

4 **단어 카드** 무료 콘텐츠로 제공되는 단어 카드의 녹음 파일이 들어 있습니다.

🎧 트레이닝 듣기 MP3 파일 구성

단어	중국어-우리말 듣기 → (한 단어씩) 따라 읽기 → 우리말 듣고 중국어로 말하기
↓	
맛있는 회화	중국어 듣기 → (한 문장씩) 따라 읽기 → 우리말 듣고 중국어로 말하기
↓	
맛있는 문장 연습	중국어 듣기 → (한 문장씩) 따라 읽기 → 우리말 듣고 중국어로 말하기
↓	
그림 보고 말하기	중국어 듣기 → (한 문장씩) 따라 읽기

* 1~8과에는 「맛있는 문장 연습」 코너가 없습니다.

WEEK 01

Day 01	Day 02	Day 03	Day 04	Day 05
월　일	월　일	월　일	월　일	월　일
📑 17~32쪽	📑 33~42쪽	📑 43~52쪽	📑 53~62쪽	📑 63~72쪽
🎧 0과	🎧 1과	🎧 2과	🎧 3과	🎧 4과
	📖 2~3쪽	📖 4~5쪽	📖 6~7쪽	📖 8~9쪽
	📃 ▶️	📃 ▶️	📃 ▶️	📃 ▶️
	📄 1과	📄 2과	📄 3과	📄 4과

WEEK 02

Day 06	Day 07	Day 08	Day 09	Day 10
월　일	월　일	월　일	월　일	월　일
📑 73~82쪽	📑 83~92쪽	📑 93~102쪽	📑 103~112쪽	
🎧 5과	🎧 6과	🎧 7과	🎧 8과	1~8과 내용 복습
📖 10~11쪽	📖 12~13쪽	📖 14~15쪽	📖 16~17쪽	
📃 ▶️	📃 ▶️	📃 ▶️	📃 ▶️	
📄 5과	📄 6과	📄 7과	📄 8과	

WEEK 03

Day 11	Day 12	Day 13	Day 14	Day 15
월 일	월 일	월 일	월 일	월 일
113~122쪽	123~132쪽	133~142쪽	143~152쪽	153~162쪽
9과	10과	11과	12과	13과
18~21쪽	22~25쪽	26~29쪽	30~33쪽	34~37쪽
9과	10과	11과	12과	13과

WEEK 04

Day 16	Day 17	Day 18	Day 19	Day 20
월 일	월 일	월 일	월 일	월 일
163~172쪽	173~182쪽	183~192쪽		
14과	15과	16과		
38~41쪽	42~45쪽	46~49쪽	9~16과 내용 복습	핵심 문장 카드 + 종합 평가
14과	15과	16과		

大家好!

여러분, 안녕하세요!

저는 이동민(李东民 Lǐ Dōngmín)이라고 합니다.

저희 가족은 9명이나 되는 대가족이에요.

모두들 요즘 중국어를 공부하고 있는데,

아주 재미있어 한답니다.

저와 중국 친구 장샤오잉(张小英 Zhāng Xiǎoyīng)과

함께 여러분도 재미있게 중국어 공부를 시작해 보아요!

일러두기

◆ 품사 약어표

품사명	약어	품사명	약어	품사명	약어
명사	명	고유명사	고유	조동사	조동
동사	동	인칭대사	대	접속사	접
형용사	형	의문대사	대	감탄사	감탄
부사	부	지시대사	대	접두사	접두
수사	수	어기조사	조	접미사	접미
양사	양	동태조사	조		
개사	개	구조조사	조		

◆ 고유명사 표기

① 중국의 지명, 기관 등의 명칭은 중국어 발음을 우리말로 표기하는 것을 원칙으로 했습니다.
   단, 우리에게 한자 독음으로 잘 알려진 고유명사는 한자 독음으로 표기했습니다.

   예 北京 Běijīng 베이징   万里长城 Wànlǐ Chángchéng 만리장성

② 인명은 각 나라에서 실제로 읽히는 발음을 우리말로 표기했습니다.

   예 李东民 Lǐ Dōngmín 이동민   张小英 Zhāng Xiǎoyīng 장샤오잉   安娜 Ānnà 안나

중국어
발음

트레이닝 듣기

Track00과

학습 포인트

▶ **정보** 중국어의 특징&음절 구성

▶ **발음** 성조 | 운모 | 성모

중국어란

| 한어 & 보통화 |

중국은 56개의 민족으로 구성된 다민족 국가로, 그중 한족이 90% 이상을 차지합니다. 지금 우리가 배우고자 하는 언어가 바로 한족의 언어, **한어**(汉语)입니다. 하지만 중국어는 다양한 방언이 있어서 심할 경우에는 의사소통에 어려움이 있기도 합니다.

이러한 문제를 해결하기 위해 1949년 중화 인민 공화국이 성립된 이후, '북방 방언을 기초로 하고 베이징어의 발음을 기준으로 하여 우수한 현대 문학 작품의 중국어 문법을 표본으로 한' 표준어를 제정하였는데, 이 표준어를 **보통화**(普通话)라고 합니다.

| 간체자 |

한자를 많이 안다고 자부하는 사람들도 중국에 발을 내딛는 순간 당황하는데, 분명 한자는 한자인데 무언가가 이상하게 느껴지기 때문입니다. 우리가 쓰는 한자는 정자인 **번체자**(繁体字)이고, 중국에서 쓰는 한자는 번체자를 간소화시킨 **간체자**(简体字)입니다. 쉽게 말하면 중국식 약자라고 할 수 있습니다.

韓國
번체자

→

韩国
간체자

| 한어병음 |

한자는 표의 문자(뜻글자)입니다. 글자가 의미만을 나타내기 때문에 어떻게 읽어야 하는지 알 수 없습니다. 중국 대륙에서는 라틴 자모를 공식적으로 채택하여 한자의 발음을 표기하였는데, 이를 **한어병음**(汉语拼音)이라고 합니다.

우리나라	韓國	한국
중국	韩国 Hánguó	← 한어병음

| 성조 |

중국어는 성조가 있습니다. **성조**(声调)란 소리의 높낮이를 뜻합니다. 기본적으로 네 가지의 성조, 즉 제1성(─), 제2성(╱), 제3성(∨), 제4성(╲)이 있는데, 이것을 '4성'이라고 합니다. 중국어는 각 글자마다 성조를 가지고 있습니다. 발음이 같더라도 성조에 따라 그 의미가 달라지기 때문에 중국어에서 성조는 매우 중요합니다.

| 어법상의 특징 |

• 중국어는 형태 변화가 없습니다.

우리말은 격에 따라 '은(는), 이(가), 을(를)' 등 다양한 조사가 붙고, 영어는 시제와 격에 따라 'go, goes, going, went, gone' 등 그 형태가 변하지만, 중국어는 인칭이나 시제에 따라 형태가 변하지 않습니다. 대신에 시간을 나타내는 명사, 부사, 조사 등을 붙여 시제의 변화를 나타냅니다.

• 중국어는 어순이 우리말과 다릅니다.

중국어의 기본 어순은 「주어+술어+목적어」입니다. 우리에게 익숙한 중국어인 '워 아이 니'는 '나는 당신을 사랑합니다'라는 뜻입니다. 하지만 이 말을 어순대로 해석하면 '나는 사랑합니다 당신을'이 됩니다. 즉, 중국어는 술어가 목적어 앞에 옵니다.

• 중국어는 띄어쓰기가 없습니다.

중국어는 우리말과 달리 띄어쓰기가 없습니다. '나는 당신을 사랑합니다'를 중국어로는 '我爱你'라고 붙여서 씁니다.

중국어의 음절 구성

중국어의 음절은 성모, 운모, 성조 세 가지 요소로 구성됩니다.

- **성모** 우리말의 자음에 해당하는 부분으로 모두 21개가 있습니다.
- **운모** 우리말의 모음에 해당하는 부분으로 모두 36개가 있습니다.
- **성조** 음절의 높낮이를 표시한 것으로 크게 네 가지의 음이 있으며, 그 음에 따라 의미도 달라집니다.

중국어 발음

Track00-01

1 성조

음의 높이 변화를 나타냅니다. 보통화의 성조는 크게 제1성, 제2성, 제3성, 제4성으로 분류되는데, 같은 발음이라도 성조가 다르면 뜻이 달라지므로 성조에 주의하여 발음해야 합니다.

제1성

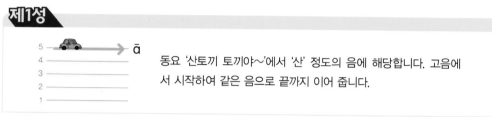

동요 '산토끼 토끼야~'에서 '산' 정도의 음에 해당합니다. 고음에서 시작하여 같은 음으로 끝까지 이어 줍니다.

제2성

'왜?'라고 물어보듯 중간 음에서 시작하여 고음으로 끌어올려 줍니다.

제3성

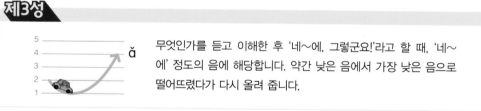

무엇인가를 듣고 이해한 후 '네~에, 그렇군요!'라고 할 때, '네~에' 정도의 음에 해당합니다. 약간 낮은 음에서 가장 낮은 음으로 떨어뜨렸다가 다시 올려 줍니다.

제4성

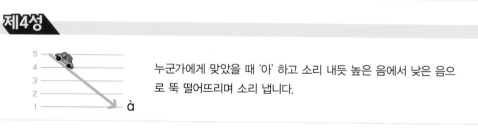

누군가에게 맞았을 때 '아' 하고 소리 내듯 높은 음에서 낮은 음으로 뚝 떨어뜨리며 소리 냅니다.

경성

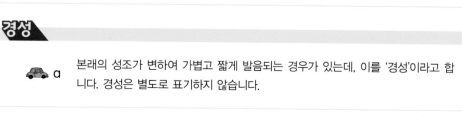

본래의 성조가 변하여 가볍고 짧게 발음되는 경우가 있는데, 이를 '경성'이라고 합니다. 경성은 별도로 표기하지 않습니다.

2 ▶ 운모

우리말의 음절 중에서 모음(ㅏ, ㅣ, ㅗ 등)에 해당하는 부분으로 총 36개가 있습니다. 단운모, 복운모, 비운모, 권설운모, 결합운모로 구분됩니다.

1 단운모

- 단운모 가장 기본이 되는 운모입니다.

a
아 — 입은 크게 벌리고 혀는 밑으로 두고, 우리말의 '아'처럼 발음합니다.

o
오~어 — 입은 반쯤 벌리고 혀는 중간 높이에 두고, 우리말의 '오~어'처럼 발음합니다.

e
으~어 — 입은 반쯤 벌리고 혀는 중간 높이에 두고, 우리말의 '으~어'처럼 발음합니다.

i
이 — 입을 좌우로 당기고, 우리말의 '이'처럼 발음합니다.

u
우 — 입은 작게 벌리고 입술은 동글게 오므리면서, 우리말의 '우'처럼 발음합니다.

ü
위 — i 발음을 하면서 입술을 동그랗게 오므리면 ü 발음이 됩니다. 우리말의 '위'와 흡사하나 발음이 끝날 때까지 계속 입술을 오므리고 있어야 합니다.

※ 이해를 돕기 위해 가장 근접한 발음을 우리말로 표기했으나 실제 발음과 차이가 있을 수 있습니다.

2 복운모, 비운모, 권설운모

- 복운모 두 개의 운모로 이루어진 운모(ai, ei, ao, ou)
- 비운모 콧소리가 들어가는 특징을 갖는 운모(an, en, ang, eng, ong)
- 권설운모 혀끝을 살짝 말아 발음하는 운모(er)

- a로 시작하는 운모

ai 아~이	a의 발음 위치에서 자연스럽게 i로 이동합니다. 우리말의 '아~이'처럼 발음하는데, 앞의 a는 길고 강하게 뒤의 i는 가볍고 짧게 발음합니다.
ao 아~오	a의 발음 위치에서 자연스럽게 o로 이동하여 우리말의 '아~오'처럼 발음합니다.
an 안	먼저 a를 발음하다가 콧소리인 n을 붙여 우리말의 '안'처럼 발음합니다.
ang 앙	먼저 a를 발음하다가 콧소리인 ng을 붙여 우리말의 '앙'처럼 발음합니다.

- o로 시작하는 운모

ou 오~우	먼저 o에 강세를 두어 발음하다가 뒤에 u를 가볍게 붙여 우리말의 '오~우'처럼 발음합니다.
ong 옹	먼저 o를 발음하다가 콧소리인 ng을 붙여 우리말의 '옹'처럼 발음합니다.

- e로 시작하는 운모

ei 에~이	e는 뒤에 다른 운모를 만나게 되면 우리말의 '에'로 발음합니다. 앞의 e는 길고 강하게 뒤의 i는 가볍게 발음하여 우리말의 '에~이'처럼 발음합니다.
en 으언	e 뒤에 n 혹은 ng이 오게 되면 우리말의 '어'로 발음합니다. en은 우리말의 '으언'처럼 발음합니다.
eng 으엉	우리말의 '으엉'처럼 발음합니다.
er 얼	혀끝을 살짝 말아 우리말의 '얼'처럼 발음합니다.

3 성모

우리말의 음절 중에서 자음(ㄱ, ㄴ, ㄷ 등)에 해당하는 부분으로 총 21개가 있습니다. 발음할 때는 성모만으로는 소리를 낼 수 없고 운모를 덧붙여 읽습니다.

• **쌍순음** 아랫입술과 윗입술을 붙였다 떼면서 내는 소리로, o 운모를 붙여 읽습니다.

b(o) 뽀~어	우리말의 'ㅃ' 혹은 'ㅂ'처럼 발음합니다. 운모를 붙여 읽게 되면 '뽀~어'가 됩니다.	bā
p(o) 포~어	b와 발음 방법은 같으나 입김을 강하게 내보내며 우리말의 'ㅍ'처럼 발음합니다. 운모를 붙여 읽게 되면 '포~어'가 됩니다.	pǎo
m(o) 모~어	b와 발음 방법은 같으나 입김을 코로 내보내며 우리말의 'ㅁ'처럼 발음합니다. 운모를 붙여 읽게 되면 '모~어'가 됩니다.	mǎi

• **순치음** 아랫입술 안쪽에 윗니를 살짝 댔다 떼면서 내는 소리로, o 운모를 붙여 읽습니다.

f(o) 포~어	윗니로 아랫입술을 살짝 물듯이 하며 영어의 'f'처럼 발음합니다. 운모를 붙여 읽게 되면 '포~어'가 됩니다.	fàn

• **설첨음** 혀끝을 윗잇몸 안쪽에 댔다 떼면서 내는 소리로, e 운모를 붙여 읽습니다.

d(e) 뜨~어	우리말의 'ㄸ' 혹은 'ㄷ'처럼 발음합니다. 운모를 붙여 읽게 되면 '뜨~어'가 됩니다.	dōng
t(e) 트~어	d와 발음 방법은 같으나 입김을 강하게 내보내며 우리말의 'ㅌ'처럼 발음합니다. 운모를 붙여 읽게 되면 '트~어'가 됩니다.	tīng
n(e) 느~어	d와 발음 방법은 같으나 입김을 코로 내보내며 우리말의 'ㄴ'처럼 발음합니다. 운모를 붙여 읽게 되면 '느~어'가 됩니다.	nán
l(e) 르~어	d와 발음 방법은 같으나 입김을 혀의 양측으로 내보내며 우리말의 'ㄹ'처럼 발음합니다. 운모를 붙여 읽게 되면 '르~어'가 됩니다.	lěng

- **설근음** 혀뿌리로 목구멍을 막았다가 떼면서 내는 소리로, **e** 운모를 붙여 읽습니다.

g(e) 끄~어	혀뿌리로 목구멍을 막았다가 떼면서 우리말의 'ㄲ' 혹은 'ㄱ'처럼 발음합니다. 운모를 붙여 읽게 되면 '끄~어'가 됩니다.	gāo
k(e) 크~어	g와 발음 방법은 같으나 입김을 강하게 내보내며 우리말의 'ㅋ'처럼 발음합니다. 운모를 붙여 읽게 되면 '크~어'가 됩니다.	kāi
h(e) 흐~어	추운 겨울 손을 녹이기 위해 '호~' 하고 소리 낼 때의 'ㅎ'처럼 발음합니다. 운모를 붙여 읽게 되면 '흐~어'가 됩니다.	hē

- **설면음** 입을 옆으로 벌리고 혀를 넓게 펴서 내는 소리로, **i** 운모를 붙여 읽습니다.

j(i) 지	혀를 넓게 펴고 입을 옆으로 넓게 벌려 우리말의 'ㅈ'처럼 발음합니다. 운모를 붙여 읽게 되면 '지'가 됩니다.	jiā
q(i) 치	j와 발음 방법은 같으나 입김을 강하게 내보내며 우리말의 'ㅊ'처럼 발음합니다. 운모를 붙여 읽게 되면 '치'가 됩니다.	qī
x(i) 시	j와 발음 방법은 같으나 공기를 마찰시켜 우리말의 'ㅅ'처럼 발음합니다. 운모를 붙여 읽게 되면 '시'가 됩니다.	xī

- **권설음** 혀끝을 말아 입천장에 닿을 듯 말 듯하게 하고 그 사이로 공기를 내보내면서 내는 소리로, **i** 운모를 붙여 읽습니다. 이때 i는 우리말의 '으'처럼 발음합니다.

zh(i) 즈	혀끝을 말아 입천장에 닿을 듯 말 듯하게 하고 그 사이로 공기를 마찰시켜 발음합니다. 운모를 붙여 읽게 되면 혀끝을 만 '즈'가 됩니다.	zhè
ch(i) 츠	zh와 발음 방법은 같으나 입김을 강하게 내뿜으며 발음합니다. 운모를 붙여 읽게 되면 혀끝을 만 '츠'가 됩니다.	chī
sh(i) 스	zh와 발음 방법은 같으나 공기를 마찰시켜 발음합니다. 운모를 붙여 읽게 되면 혀끝을 만 '스'가 됩니다.	shū
r(i) 르	혀끝을 더 뒤쪽으로 말아 올려 입천장 쪽으로 근접시켜서 발음합니다. 운모를 붙여 읽게 되면 혀끝을 만 '르'가 됩니다.	rè

- **설치음** 혀끝을 앞니의 뒷면에 붙였다 떼면서 내는 소리로, i 운모를 붙여 읽습니다. 이때 i 는 우리말의 '으'처럼 발음합니다.

z(i) 쯔	'쯧쯧' 하고 혀를 찰 때 내는 'ㅉ'처럼 발음합니다. 운모를 붙여 읽게 되면 '쯔'가 됩니다.	zǎo
c(i) 츠	z와 발음 방법은 같으나 입김을 강하게 내뿜으며 우리말의 'ㅊ'처럼 발음합니다. 운모를 붙여 읽게 되면 '츠'가 됩니다.	cài
s(i) 쓰	z와 발음 방법은 같으나 공기를 마찰시켜 우리말의 'ㅆ'처럼 발음합니다. 운모를 붙여 읽게 되면 '쓰'가 됩니다.	sì

TIP

i 발음 주의 사항
성모 zh, ch, sh, r, z, c, s와 결합할 때 운모 i는 우리말의 '으' 처럼 발음해요.

Track00-04

4 결합운모

운모 i, u, ü와 다른 운모가 결합하여 이루어진 것을 말합니다. i, u, ü가 성모 없이 단독으로 쓰일 경우에는 각각 yi, wu, yu로 표기합니다.

- i 결합운모　i 뒤에 다른 운모가 결합되어 만들어진 운모로, i가 성모 없이 단독으로 쓰일 때는 yi로 표기합니다.

i 결합운모	단독 사용	발음 요령	예
ia　이야	ya	우리말의 '이야'처럼 발음합니다.	xià
ie　이예	ye	우리말의 '이예'처럼 발음합니다.	xié
iao　이야오	yao	우리말의 '이야오'처럼 발음합니다.	xiǎo
iou　이여우	you	우리말의 '이여우'처럼 발음합니다.	jiǔ
ian　이앤	yan	우리말의 '이앤'처럼 발음합니다.	liǎn
iang　이양	yang	우리말의 '이양'처럼 발음합니다.	jiāng
iong　이용	yong	우리말의 '이용'처럼 발음합니다.	xióng
in　인	yin	우리말의 '인'처럼 발음합니다.	xìn
ing　잉	ying	우리말의 '잉'처럼 발음합니다.	píng

TIP

i 결합운모 표기 & 발음 방법

❶ i로 시작되는 음절은 i를 y로 바꾸어 표기해요.
　예 ia → ya　　iao → yao　　ie → ye　　iong → yong

❷ 음절 중 운모 i만 있으면 i를 yi로 바꾸어 표기해요.
　예 i → yi　　　in → yin　　　ing → ying

❸ iou가 성모와 결합할 때는 o를 생략해 iu로 표기하고 o는 약하게 발음해요.
　예 j + iou → jiu　　　　　n + iou → niu

- u 결합운모   u 뒤에 다른 운모가 결합되어 만들어진 운모로, u가 성모 없이 단독으로 쓰일 때는 wu로 표기합니다.

u 결합운모	단독 사용	발음 요령	예
ua 우와	wa	우리말의 '우와'처럼 발음합니다.	huà
uo 우워	wo	우리말의 '우워'처럼 발음합니다.	duō
uai 우와이	wai	우리말의 '우와이'처럼 발음합니다.	kuài
uan 우완	wan	우리말의 '우완'처럼 발음합니다.	duǎn
uang 우왕	wang	우리말의 '우왕'처럼 발음합니다.	zhuàng
uei 우웨이	wei	우리말의 '우웨이'처럼 발음합니다.	guì
uen 우원	wen	우리말의 '우원'처럼 발음합니다.	chūntiān
ueng 우웡	weng	우리말의 '우웡'처럼 발음합니다.	wēng

TIP

u 결합운모 표기 & 발음 방법

❶ u로 시작되는 음절은 u를 w로 바꾸어 표기해요.

예) ua → wa   uo → wo   uan → wan   uen → wen

❷ 음절 중 u 운모만 있으면 wu로 바꾸어 표기해요.

예) u → wu

❸ uei, uen이 성모와 결합할 때는 e를 생략해 ui, un으로 표기하고 e는 약하게 발음해요.

예) d + uei → dui   t + uen → tun

- ü 결합운모 ü 뒤에 다른 운모가 결합되어 만들어진 운모로, ü가 성모 없이 단독으로 쓰일 때는 yu로 표기합니다.

ü 결합운모	단독 사용	발음 요령	예
üe 위예	yue	우리말의 '위예'와 흡사하나, '위'를 발음할 때 입술 모양을 바꾸어서는 안 된다는 점에 주의합니다.	xué
üan 위앤	yuan	우리말의 '위앤'과 흡사하나, '위'를 발음할 때 입술 모양을 바꾸어서는 안 된다는 점에 주의합니다.	xuǎnzé
ün 윈	yun	우리말의 '윈'과 흡사하나, 발음할 때 입술 모양을 바꾸어서는 안 된다는 점에 주의합니다.	qúnzi

TIP

ü 결합운모 표기

❶ ü로 시작하는 음절은 ü를 yu로 바꾸어 표기해요.

　　예 ü → yu　　　üe → yue　　　üan → yuan　　　ün → yun

❷ 성모 j, q, x와 운모 ü가 결합할 경우에는 ü의 두 점을 떼어 버리고 u로 표기해요.

　　예 jü → ju　　　qüe → que　　　xüan → xuan

5 성조 변화

1 경성의 높낮이

경성의 높이는 앞의 성조에 따라 결정됩니다.

제1성＋경성

māma

제2성＋경성

xuésheng

제3성＋경성

nǐmen

제4성＋경성

mèimei

2 제3성의 성조 변화

① 제3성의 연속 : 제3성의 음절이 연이어 나올 경우 앞의 제3성은 제2성으로 읽습니다.

제3성 + 제3성 ⇒ 제2성 + 제3성

∨	∨		╱	∨
nǐ	hǎo	⇒	ní	hǎo
hěn	hǎo	⇒	hén	hǎo

② 반3성 : 제3성 음절 뒤에 제1, 2, 4성, 경성이 오게 되면 앞의 제3성은 내려가는 부분만 발음하고 올라가는 부분은 발음하지 않는데, 이를 '반3성'이라고 합니다.

제3성(∨) + 제1, 2, 4성, 경성 ⇒ 반3성(∨) + 제1, 2, 4성, 경성

제3성＋제1성

lǎoshī

제3성＋제2성

wǒ lái

제3성＋제4성

mǐfàn

제3성＋경성

nǎinai

6 성조 및 한어병음 표기법

1 성조 표기법

성조는 제1성(─), 제2성(╱), 제3성(∨), 제4성(╲)으로 나타냅니다. 성조는 단운모 a, o, e, i, u, ü 위에 표시하는데, 발음할 때 입이 가장 크게 벌어지는 운모 순으로 표기합니다.

$$a > o = e > i = u = ü$$

① a가 있으면 a에 표시합니다. 예 hǎo, nián
② a가 없으면 o, e에 표시합니다. 예 zuò, xiè
③ i, u가 함께 있으면 뒤에 오는 운모에 표시합니다. 예 huí, liù
④ i 위에 성조를 표시할 경우에는 i의 점은 생략합니다. 예 qǐ
⑤ 경성은 별도로 성조 표기를 하지 않습니다. 예 bàba, māma

2 한어병음 표기법

① 한어병음은 알파벳 소문자로 표기합니다.
　　예 大 dà 크다　　小 xiǎo 작다

② 하나의 단어는 모두 붙여서 표기합니다.
　　예 咖啡 kāfēi 커피　　面包 miànbāo 빵

③ 문장의 첫음절이나 고유명사의 첫음절은 알파벳 대문자로 표기합니다.
　　예 你好! Nǐ hǎo! 안녕!　　中国 Zhōngguó 중국

④ 인명은 성과 이름은 띄어 쓰고 각각의 첫음절은 대문자로 표기합니다.
　　예 王明 Wáng Míng 왕밍　　李东民 Lǐ Dōngmín 이동민

⑤ a, o, e로 시작하는 음절이 다른 음절 뒤에 바로 연결될 때, 음절의 경계가 모호해져 혼란을 일으키기 쉬우므로 격음부호[']로 분리시킵니다.
　　예 天安门 Tiān'ān Mén 톈안먼, 천안문　　女儿 nǚ'ér 딸

- 여러분, 안녕하세요!

  Dàjiā hǎo! 大家好!

- 지금부터 수업을 시작하겠습니다.

  Xiànzài kāishǐ shàng kè. 现在开始上课。

- 책 34쪽을 펴주세요.

  Qǐng dǎkāi shū, fāndào dì-sānshísì yè. 请打开书，翻到第三十四页。

- 저를 따라 읽으세요.

  Qǐng gēn wǒ niàn (dú). 请跟我念(读)。

- 여러분, 수고하셨습니다.

  Dàjiā xīnkǔ le. 大家辛苦了。

- 선생님, 안녕하세요!

  Lǎoshī hǎo! 老师好!

- 죄송합니다, 지각했습니다.

  Duìbuqǐ, wǒ chídào le. 对不起，我迟到了。

- 다시 한번 말씀해 주세요.

  Qǐng zài shuō yí biàn. 请再说一遍。

- 이 단어는 무슨 뜻인가요?

  Zhège cí shì shénme yìsi? 这个词是什么意思？

- 선생님, 감사합니다.

  Xièxie, lǎoshī. 谢谢，老师。

Nǐ hǎo!

你好!

안녕하세요!

트레이닝 듣기

Track01과

학습 포인트

▶ **발음** 성조와 단운모 알기
▶ **표현** 기본 인사 익히기
▶ **단어** 인칭대사, 가족 호칭

Nǐ hǎo!   你好! ❶

Nǐ hǎo!   你好!

Zàijiàn.   再见。 ❷

Zàijiàn.   再见。

◆ 우리말 해석을 확인해 보세요.

샤오잉   안녕!

동민   안녕!

샤오잉   잘 가.

동민   잘 가.

발음 TIP

제3성의 성조 변화(1)
제3성 음절 뒤에 제3성이 연이어 나올 경우에는 앞의 제3성을 제2성으로 읽어요. 하지만 성조 표기에는 변화가 없어요.

제3성 + 제3성 ➡ 제2성 + 제3성

ˇ   ˇ   ´   ˇ

nǐ   hǎo ➡ ní   hǎo

Track01-02

□□ 你 nǐ 〔대〕 너, 당신

□□ 好 hǎo 〔형〕 좋다, 안녕하다

□□ 再见 zàijiàn 〔동〕 다시 만나요, 안녕[헤어질 때 하는 인사]

─ • 플러스Tip •

❶ '你好!(Nǐ hǎo!)'는 '안녕하세요!'라는 뜻으로, 누군가를 만났을 때 시간이나 장소, 신분에 관계없이 쓸 수 있는 인사말이에요. 상대방 역시 '你好!'로 대답해요.

❷ 再见(zàijiàn)은 헤어질 때 일반적으로 사용하는 인사말이에요. 영어의 bye-bye에 해당하는 拜拜(báibái)를 쓰기도 해요.

Track01-03

성조

음의 높이 변화를 나타낸 것으로, 보통 제1성, 제2성, 제3성, 제4성으로 분류됩니다.

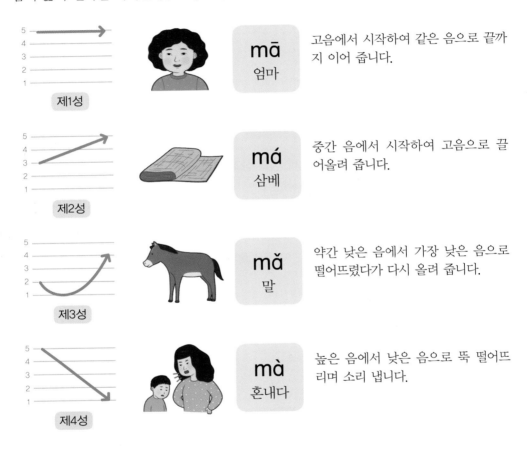

제1성	**mā** 엄마	고음에서 시작하여 같은 음으로 끝까지 이어 줍니다.
제2성	**má** 삼베	중간 음에서 시작하여 고음으로 끌어올려 줍니다.
제3성	**mǎ** 말	약간 낮은 음에서 가장 낮은 음으로 떨어뜨렸다가 다시 올려 줍니다.
제4성	**mà** 혼내다	높은 음에서 낮은 음으로 뚝 떨어뜨리며 소리 냅니다.

운모 I (단운모)

운모는 우리말의 모음에 해당하며, 단운모는 가장 기본이 되는 운모입니다.

e 발음은 '에'로 발음하기
쉬우니 주의하세요.

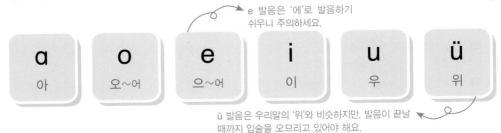

a	o	e	i	u	ü
아	오~어	으~어	이	우	위

ü 발음은 우리말의 '위'와 비슷하지만, 발음이 끝날
때까지 입술을 오므리고 있어야 해요.

Track01-04

♦ 다음을 큰 소리로 따라 읽어 보세요.

a	mā má mǎ mà	mā 妈 엄마
o	mō mó mǒ mò	mō 摸 쓰다듬다
e	ē é ě è	è 饿 배고프다
i	nī ní nǐ nì	nǐ 你 너
u	kū kú kǔ kù	kū 哭 울다
ü	nǖ nǘ nǚ nǜ	nǚ 女 여자

발음 **TIP**

성조 표기법

성조는 단운모 a, o, e, i, u, ü 위에 표시하는데, 발음할 때 입이 가장 크게 벌어지는 운모 순으로 표기해요.

a > o = e > i = u = ü

❶ a가 있으면 a에 표시해요. 예 hǎo, nián
❷ a가 없으면 o, e에 표시해요. 예 zuò, xiè
❸ i, u가 함께 있으면 뒤에 오는 운모에 표시해요. 예 huí, liù
❹ i 위에 성조를 표시할 경우에는 i의 점은 생략해요. 예 qǐ

◆ 다음 그림 단어를 익힌 후, 보기 와 같이 문장을 만들어 보세요.

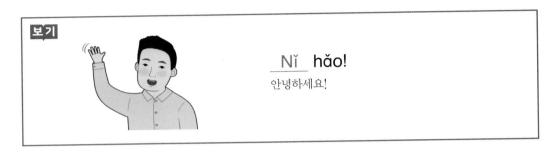

보기

____Nǐ__ hǎo!
안녕하세요!

1

_____ hǎo!

nǐmen 你们 너희들, 당신들

2

_____ hǎo!

dàjiā 大家 여러분

3

_____ hǎo!

nín 您 당신[你의 존칭어]

4

mmāma 妈妈 엄마

_____ hǎo!

5

bàba 爸爸 아빠

_____ hǎo!

6

jiějie 姐姐 누나, 언니

_____ hǎo!

7

gēge 哥哥 형, 오빠

_____ hǎo!

1 녹음을 들으며 발음을 연습해 보세요.

Track01-06

bā	bá	bǎ	bà
mō	mó	mǒ	mò
hē	hé	hě	hè
dī	dí	dǐ	dì
bū	bú	bǔ	bù
nū	nú	nǔ	nù

Track01-07

2 녹음을 듣고 성조를 표시해 보세요.

❶ a   a   a

❷ ao   ao   ao

❸ ai   ai   ai

❹ pa   pa   pa

3 우리말을 참고하여 성조를 표시해 보세요.

❶ 안녕!   ➡ Ni hao!

❷ 잘 가.   ➡ Zaijian.

'중국'이라는 명칭과 국기

중국의 공식 명칭은 중화 인민 공화국(中华人民共和国 Zhōnghuá Rénmín Gònghéguó)
이고, 영문 표기는 People's Republic of China(약칭 PRC)예요. 국명으로 '중국(中国)'을
사용하게 된 것은 1911년 신해혁명으로 탄생한 중화민국(中华民国 Zhōnghuá Mínguó) 이
후부터예요. '중화민국'을 줄여서 '중국'이라 불렸기 때문인데, 타이완에서는 현재까지 국호
로 중화민국을 사용하고 있어요.

중국 국기는 붉은 바탕에 황색의 커다란 별, 그리고 네 개의 작은 별이 큰 별을 둘러싸
고 있기 때문에 '오성홍기(五星红旗 wǔxīng hóngqí)'라고 불러요. 붉은 바탕은 혁명(革命)
을, 황색 별은 붉은 대지로부터 밝아 오는 광명(光明)을 의미해요. 큰 별은 중국 공산당을
상징하고, 나머지 네 개의 작은 별은 건국 당시 중국 인민을 구성한 네 계급(노동자, 농민,
도시 소자산 계급, 민족 자산 계급)을 의미하죠. 즉 다섯 개의 별은 중국 공산당의 지도하
에 단결하는 인민을 나타내요.

➤ 중국의 국기 오성홍기

➤ 중국의 공식
명칭이 적힌 여권

Nǐ máng ma?

你忙吗?

당신은 바빠요?

트레이닝 듣기

Track02과

학습 포인트

▶ **발음** 복운모, 비운모, 권설운모 알기

▶ **표현** '～해요', '～하지 않아요' 표현 익히기

▶ **단어** 기본 형용사

Nǐ máng ma?   你忙吗❶?

Wǒ hěn máng.   我很❷忙。

Nǐ lèi ma?   你累吗?

Wǒ bú lèi.   我不❸累。

♦ 우리말 해석을 확인해 보세요.

엄마   바쁘니?

동민   바빠요.

엄마   피곤하니?

동민   피곤하지 않아요.

발음 TIP

不의 성조 변화

不(bù)는 원래 제4성이에요. 하지만 不 뒤에 제4성이 올 경우에는 제2성(bú)으로 읽어요.

bù + 제4성 ⇒ bú + 제4성
bù kàn ⇒ bú kàn

Track02-02

□□ 忙 máng 형 바쁘다   □□ 我 wǒ 대 나

□□ 累 lèi 형 피곤하다   □□ 很 hěn 부 매우, 아주

□□ 吗 ma 조 ~까?, ~요?   □□ 不 bù 부 ~아니다, ~않다[부정]

┌ 플러스Tip ┐
❶ 吗(ma)는 문장 끝에 놓여 의문문을 만드는 어기조사예요.
❷ 형용사가 술어인 문장에서 很(hěn)은 특별한 의미를 나타내지 않고 형식적으로 쓰여요.
❸ 不(bù)는 동사나 형용사 앞에 놓여 부정의 의미를 나타내요.

Track02-03

운모 II (복운모, 비운모, 권설운모)

- 복운모 두 개의 운모로 이루어진 운모(ai, ei, ao, ou)
- 비운모 콧소리가 들어가는 특징을 갖는 운모(an, en, ang, eng, ong)
- 권설운모 혀끝을 살짝 말아 발음하는 운모(er)

ai 아~이

ao 아~오

an 안

ang 앙

ou 오~우

ong 옹

ei 에~이

en 으언

eng 으엉

e 운모는 뒤에 다른 운모와 만나게 되면 '에'로 발음해요.

er 얼

♦ 다음을 큰 소리로 따라 읽어 보세요.

ai	ao	an	ang
ài	**hǎo**	**kàn**	**máng**
爱 사랑하다	好 좋다	看 보다	忙 바쁘다

ou		ong	
gǒu	**tóu**	**hóng**	**dǒng**
狗 개	头 머리	红 붉다	懂 이해하다

ei	en	eng	er
hēi	**mén**	**téng**	**èr**
黑 검다	门 문	疼 아프다	二 2, 둘

◆ 다음 그림 단어를 익힌 후, 보기 와 같이 문장을 만들어 보세요.

보기

___Máng___ ma? ➡ Hěn ___máng___.

바쁩니까? 바쁩니다.

Bù ___máng___.

바쁘지 않습니다.

máng 忙 바쁘다

1

_____ ma? ➡ Hěn _____.

Bù _____.

gāo 高 (키가) 크다

2

_____ ma? ➡ Hěn _____.

Bù _____.

ǎi 矮 (키가) 작다

3

kě 渴 목마르다

_____ ma? ➡ Hěn _____.

Bù _____.

4

è 饿 배고프다

_____ ma? ➡ Hěn _____.

Bú _____.

5

lèi 累 피곤하다

_____ ma? ➡ Hěn _____.

Bú _____.

Track02-06

1 녹음을 들으며 발음을 연습해 보세요.

bāi	bái	bǎi	bài
māng	máng	mǎng	màng
dōu	dóu	dǒu	dòu
tōng	tóng	tǒng	tòng
hēi	héi	hěi	hèi
mēn	mén	měn	mèn
ēr	ér	ěr	èr

Track02-07

2 녹음을 듣고 빈칸에 알맞은 운모를 쓴 후 성조를 표시하세요.

❶ n＿＿＿＿＿　　❷ m＿＿＿＿＿　　❸ d＿＿＿＿＿

❹ h＿＿＿＿＿　　❺ h＿＿＿＿＿　　❻ m＿＿＿＿＿

3 우리말을 참고하여 빈칸에 알맞은 한어병음을 쓰세요.

❶ 남동생은 피곤합니다.　　➡ Dìdi hěn l＿＿＿＿＿.

❷ 아빠는 바쁩니다.　　➡ Bàba hěn m＿＿＿＿＿.

❸ 형은 (키가) 큽니다.　　➡ Gēge hěn g＿＿＿＿＿.

❹ 여동생은 배고프지 않습니다.　➡ Mèimei bú ＿＿＿＿＿.

단어　弟弟 dìdi 명 남동생 ｜ 妹妹 mèimei 명 여동생

광활한 국토를 가진 중국

중국의 국토 면적은 960만㎢로 세계에서 네 번째로 커요. 이 넓이는 한반도의 약 44배, 한국의 약 96배 크기에 해당하죠. 중국의 행정 구역은 타이완을 포함한 23개 성과 5개의 자치구(네이멍구, 신장 위구르, 티베트, 광시 장족, 닝샤 회족), 4개의 직할시(베이징, 톈진, 상하이, 충칭), 2개의 특별 행정구(홍콩, 마카오)로 구성되어 있는데, 중국 정부는 타이완을 중국의 일부인 하나의 성으로 간주하고 있어요.

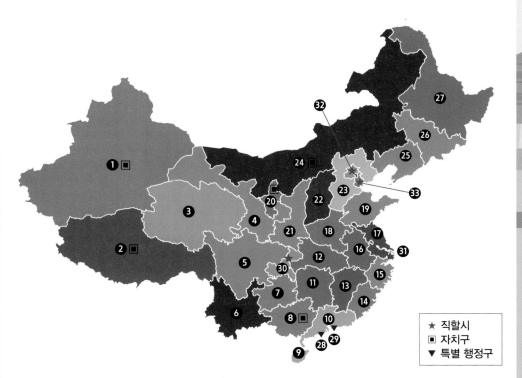

★ 직할시
▣ 자치구
▼ 특별 행정구

❶ 신장(新疆)　　❷ 티베트(西藏)　　❸ 칭하이(青海)　　❹ 간쑤(甘肃)　　❺ 쓰촨(四川)
❻ 윈난(云南)　　❼ 구이저우(贵州)　❽ 광시(广西)　　❾ 하이난(海南)　　❿ 광둥(广东)
⓫ 후난(湖南)　　⓬ 후베이(湖北)　⓭ 장시(江西)　　⓮ 푸젠(福建)　　⓯ 저장(浙江)
⓰ 안후이(安徽)　⓱ 장쑤(江苏)　　⓲ 허난(河南)　　⓳ 산둥(山东)　　⓴ 닝샤(宁夏)
㉑ 산시(陕西)　　㉒ 산시(山西)　　㉓ 허베이(河北)　㉔ 네이멍구(内蒙古)㉕ 랴오닝(辽宁)
㉖ 지린(吉林)　　㉗ 헤이룽장(黑龙江)㉘ 마카오(澳门)㉙ 홍콩(香港)　　㉚ 충칭(重庆)
㉛ 상하이(上海)　㉜ 베이징(北京)　㉝ 톈진(天津)

Track02-08

 一 yī 1, 하나

 六 liù 6, 여섯

 二 èr 2, 둘

 七 qī 7, 일곱

 三 sān 3, 셋

 八 bā 8, 여덟

 四 sì 4, 넷

 九 jiǔ 9, 아홉

 五 wǔ 5, 다섯

 十 shí 10, 열

Kàn bu kàn?

看不看?

봐요, 안 봐요?

트레이닝 듣기

Track03과

학습 포인트

- ▶ **발음** 쌍순음, 순치음, 설첨음, 설근음 알기
- ▶ **표현** '～하나요, ～안 하나요' 표현 익히기
- ▶ **단어** 기본 동사

	Nǐ kàn ma?	你看吗?
	Wǒ bú kàn.	我不看。
	Tā kàn bu kàn?	他看不看?❶
	Tā yě bú kàn.	他也❷不看。

♦ 우리말 해석을 확인해 보세요.

샤오잉   너는 보니?

동민   나는 보지 않아.

샤오잉   그는 보니, 안 보니?

동민   그도 보지 않아.

발음 TIP

제3성의 성조 변화(2)

제3성 음절 뒤에 제1, 2, 4성, 경성이 오게 되면 앞의 제3성은 내려가는 부분만 발음되고 올라가는 부분은 발음되지 않는데, 이를 반3성이라고 해요.

제3성(ˇ) + 제1, 2, 4성, 경성 ➡ 반3성(ˇ) + 제1, 2, 4성, 경성

jiǎndān   Měiguó   hěn dà   nǎinai

Track03-02

□□ 看 kàn 동 보다

□□ 也 yě 부 ~도, 또한

□□ 他 tā 대 그

□□ 她 tā 대 그녀

--- 플러스Tip ---

❶ 형용사나 동사의 긍정형과 부정형을 나열하여 「긍정+부정」 형식으로 물어보는 의문문을 '정반의문문'이라고 해요. 우리말의 '봐, 안 봐?'와 비슷한 형태예요. 이때 중간에 오는 不(bù)는 경성으로 읽고, 문장 끝에는 의문의 어기조사 吗(ma)를 붙이지 않아요.

❷ 也(yě)는 주어 뒤, 술어 앞에 위치하여 '~도'라는 뜻을 나타내요.

성모Ⅰ (쌍순음, 순치음, 설첨음, 설근음)

성모는 우리말의 자음에 해당하는 부분으로, 발음 부위와 방법에 따라 나뉩니다.

- **b p m** (쌍순음) : 아랫입술과 윗입술을 붙였다 떼면서 발음합니다.

b(o)
뽀~어

p(o)
포~어

m(o)
모~어

- **f** (순치음) : 아랫입술 안쪽에 윗니를 살짝 댔다 떼면서 발음합니다.

f(o)
포~어

- **d t n l** (설첨음) : 혀끝을 윗잇몸 안쪽에 댔다 떼면서 발음합니다.

d(e)
뜨~어

t(e)
트~어

n(e)
느~어

l(e)
르~어

- **g k h** (설근음) : 혀뿌리로 목구멍을 막았다가 떼면서 발음합니다.

g(e)
끄~어

k(e)
크~어

h(e)
흐~어

♦ 다음을 큰 소리로 따라 읽어 보세요.

Track03-04

b	p	m	f

bā	**pǎo**	**mǎi**	**fàn**
八 8, 여덟	跑 달리다	买 사다	饭 밥

d	t	n	l

dōng	**tīng**	**nán**	**lěng**
东 동쪽	听 듣다	男 남자	冷 춥다

g	k	h

gāo	**kāi**	**hē**
高 높다	开 열다	喝 마시다

Track03-05

◆ 다음 그림 단어를 익힌 후, **보기** 와 같이 문장을 만들어 보세요.

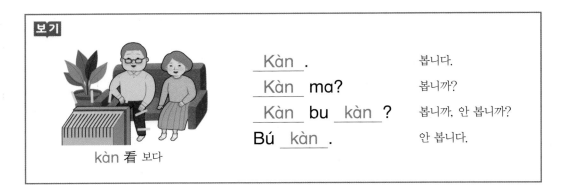

<u> Kàn </u> .		봅니다.
<u> Kàn </u> ma?		봅니까?
<u> Kàn </u> bu <u> kàn </u> ?		봅니까, 안 봅니까?
Bú <u> kàn </u> .		안 봅니다.

kàn 看 보다

1

_____ .

_____ ma?

_____ bu _____ ?

Bù _____ .

tīng 听 듣다

2

_____ .

_____ ma?

_____ bu _____ ?

Bù _____ .

lái 来 오다

3

gěi 给 주다

_____.

_____ ma?

_____ bu _____?

Bù _____.

4

hē 喝 마시다

_____.

_____ ma?

_____ bu _____?

Bù _____.

5

mǎi 买 사다

_____.

_____ ma?

_____ bu _____?

Bù _____.

연습 문제

Track03-06

1 녹음을 들으며 발음을 연습해 보세요.

bān	bán	bǎn	bàn
pāo	páo	pǎo	pào
fēi	féi	fěi	fèi
nān	nán	nǎn	nàn
lēi	léi	lěi	lèi
gōng	góng	gǒng	gòng
kēng	kéng	kěng	kèng

Track03-07

2 녹음을 듣고 빈칸에 알맞은 성모를 쓴 후 성조를 표시하세요.

❶ _____an   ❷ _____ai   ❸ _____en

❹ _____ou   ❺ _____ai   ❻ _____eng

3 우리말을 참고하여 빈칸에 알맞은 한어병음을 쓰세요.

❶ 남동생은 듣지 않습니다.   ➡ Dìdi _____ tīng.

❷ 할머니는 보지 않습니다.   ➡ Nǎinai _____ kàn.

❸ 할아버지는 마십니까, 안 마십니까? ➡ Yéye _____ bu _____?

단어 奶奶 nǎinai 몡 할머니 | 爷爷 yéye 몡 할아버지

다양한 민족으로 구성된 중국

중국은 다민족 국가예요. 중국의 총 인구는 약 14억으로, 그중 한족(汉族 Hànzú)이 전체 인구의 약 92%로 가장 많은 수를 차지하고 있어요. 그리고 나머지 약 8%는 55개 소수 민족으로 구성되어 있죠. 중화민족(中华民族 Zhōnghuá Mínzú)이란 한족과 함께 55개 소수 민족을 합친 개념이에요.

소수 민족의 인구는 적지만 분포 지역은 아주 넓어요. 수천 년 중국 역사상 각 민족은 고난을 이겨 내어 광활한 지역을 개척하고 풍부한 문화를 창조하여 중국 역사 발전에 큰 공헌을 했어요. 하지만 각 민족 간에 균형 잡힌 발전이 이뤄지지 못하고 소수 민족이 불평등한 대우를 받는 것이 사회적 문제로 대두되었죠. 그 때문에 중국 정부에서는 어떤 민족에게도 차별과 압박을 금지하는 법을 제정하고, 소수 민족을 보호하기 위한 다양한 정책을 시도하고 있어요.

중국의 소수 민족은 회족(回族 Huízú)과 만주족(满族 Mǎnzú)이 중국어를 사용하는 것을 제외하고는 모두 민족의 고유어를 사용하고 있고, 몽고족(蒙古族 Měnggǔzú), 위구르족(维吾尔族 Wéiwú'ěrzú) 등 21개 소수 민족은 고유 문자도 가지고 있어요.

满族
Mǎnzú
만주족
1,038만 명

回族
Huízú
회족
1,058만 명

维吾尔族
Wéiwú'ěrzú
위구르족
1,006만 명

壮族
Zhuàngzú
장족
1,692만 명

汉族
Hànzú
한족
12.2억 명

苗族
Miáozú
묘족
942만 명

*출처 : 제6차 중국 인구 조사

Track03-08

狮子
shīzi
사자

熊猫
xióngmāo
판다

大象
dàxiàng
코끼리

猪
zhū
돼지

小狗
xiǎogǒu
강아지

猫
māo
고양이

START!

4과

Wǒ shì xuésheng.

我是学生。

나는 학생입니다.

트레이닝 듣기

Track04과

학습 포인트

- ▶ **발음** 설면음, 권설음, 설치음 알기
- ▶ **표현** 신분 표현 익히기
- ▶ **단어** 직업, 국적

Track04-01

Nǐ shì xuésheng ma?　　你是❶学生吗?

Shì, wǒ shì xuésheng.　是,我是学生。

Tāmen yě shì xuésheng ma? 他们❷也是学生吗?

Bú shì,　　　　　　不是,
tāmen dōu shì lǎoshī.　他们都是老师。

♦ 우리말 해석을 확인해 보세요.

동민   너는 학생이니?

학생   네, 저는 학생이에요.

동민   저들도 학생이니?

학생   아니요, 저들은 모두 선생님이에요.

Track04-02

- □□ 是 shì 동 ~이다
- □□ 学生 xuésheng 명 학생
- □□ 老师 lǎoshī 명 선생님
- □□ 他们 tāmen 대 그들
- □□ 都 dōu 부 모두

── 플러스Tip ──

❶ 是(shì)는 '~이다'라는 뜻으로 영어의 be동사에 해당해요.

❷ 们(men)은 우리말의 '~들'에 해당하는 복수접미사예요. 인칭대사나 사람을 지칭하는 명사 뒤에 붙어 복수형을 만들어요.

Track04-03

성모Ⅱ (설면음, 권설음, 설치음)

- **j q x** (설면음) : 입을 옆으로 벌리고 혀를 넓게 펴서 발음합니다.

j(i)	q(i)	x(i)
지	치	시

- **zh ch sh r** (권설음) : 혀끝을 말아 입천장에 닿을 듯 말 듯하게 하고 그 사이로 공기를 내보내면서 발음합니다.

zh(i)	ch(i)	sh(i)	r(i)
즈	츠	스	르

- **z c s** (설치음) : 혀끝을 앞니의 뒷면에 붙였다 떼면서 발음합니다.

z(i)	c(i)	s(i)
쯔	츠	쓰

발음 TIP

i 발음 주의 사항

성모 zh, ch, sh, r, z, c, s와 결합할 때 운모 i는 우리말의 '으'처럼 발음해요.

♦ 다음을 큰 소리로 따라 읽어 보세요.

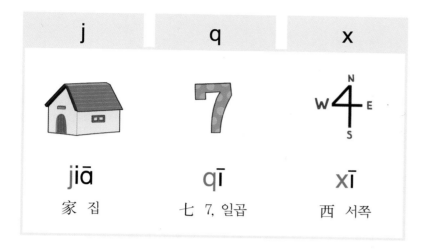

j	q	x
jiā	qī	xī
家 집	七 7, 일곱	西 서쪽

zh	ch	sh	r
zhè	chī	shū	rè
这 이, 이것	吃 먹다	书 책	热 덥다

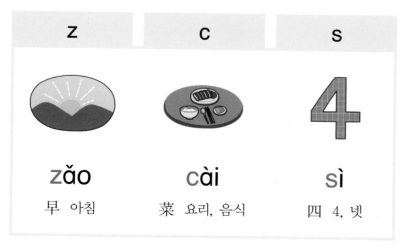

z	c	s
zǎo	cài	sì
早 아침	菜 요리, 음식	四 4, 넷

 그림 보고 **말하기**

♦ 다음 그림 단어를 익힌 후, **보기**와 같이 문장을 만들어 보세요.

보기

Wǒ shì ___xuésheng___ .
나는 학생입니다.

Wǒ bú shì ___xuésheng___ .
나는 학생이 아닙니다.

xuésheng 学生 학생

1

Wǒ shì _____ .

Wǒ bú shì _____ .

lǎoshī 老师 선생님

2

Wǒ shì _____ .

Wǒ bú shì _____ .

gōngsī zhíyuán 公司职员 회사원

3

Hánguórén 韩国人 한국인

Wǒ shì _____.

Wǒ bú shì _____.

4

Zhōngguórén 中国人 중국인

Wǒ shì _____.

Wǒ bú shì _____.

5

Měiguórén 美国人 미국인

Wǒ shì _____.

Wǒ bú shì _____.

연습 문제

Track04-06

1 녹음을 들으며 발음을 연습해 보세요.

jiā	jiá	jiǎ	jià
qīng	qíng	qǐng	qìng
xiē	xié	xiě	xiè
zhōng	zhóng	zhǒng	zhòng
chān	chán	chǎn	chàn
shēi	shéi	shěi	shèi
rāo	ráo	rǎo	rào
zēn	zén	zěn	zèn
cāi	cái	cǎi	cài
sēng	séng	sěng	sèng

Track04-07

2 녹음을 듣고 빈칸에 알맞은 성모를 쓴 후 성조를 표시하세요.

❶ _____ia   ❷ _____ang   ❸ _____e   ❹ _____in

❺ _____ie   ❻ _____i   ❼ _____ao   ❽ _____ao

3 우리말을 참고하여 빈칸에 알맞은 한어병음을 쓰세요.

❶ 누나는 선생님입니다.   ➡ Jiějie _____ lǎoshī.

❷ 여동생은 학생입니다.   ➡ Mèimei shì xué_____.

❸ 그들은 모두 한국인입니다.   ➡ Tāmen _____ shì _____guórén.

북방과 남방의 차이

역사적으로 중국 문화는 황하(黃河 Huáng Hé)와 장강(长江 Cháng Jiāng), 이 두 물줄기를 끼고 발전해 왔어요. 그래서 어떤 의미에서는 중국의 전통문화를 크게 북방 문화와 남방 문화 두 가지로 나눌 수 있죠. 북방 지역은 장강 북쪽으로부터 황하 유역까지의 지역을 말하고, 남방 지역은 장강 이남에서 주강(珠江 Zhū Jiāng) 지역까지를 말해요.

기후

북방 지역은 날씨가 춥고 바람이 심하게 불며 황토 지대여서 밭이 많고 교통수단으로 말을 주로 타고 다녔던 반면에, 남방 지역은 날씨가 따뜻하고 강과 호수 등 수자원이 풍부해 논이 많으며 배를 주로 타고 다녔어요.

외모와 기질

자연 환경의 차이는 사람들의 외모와 성격에도 영향을 끼쳤는데, 북방 사람은 체격이 크고 소탈하며 의협심이 강한 반면, 남방 사람은 상대적으로 체격이 왜소하고 섬세하며 재치가 있어요.

대표적인 도시

북방의 대표 도시 베이징(北京 Běijīng)은 오랜 기간 동안 중국의 수도여서인지 베이징 사람들은 대체적으로 정치에 관심이 많고 호방하며 격식을 따지는 편이에요. 그리고 외모보다는 먹는 것을 중시해요. 이에 비해 남방의 대표 도시 상하이(上海 Shànghǎi)의 사람들은 경제 수준은 높지만 정치에 대한 관심이 상대적으로 적고 패션에 신경을 많이 써요. 또 외국 문화에 개방적이며 이해타산에 능하고 현실 적응력이 매우 뛰어나요.

상하이의 동방명주(东方明珠 Dōngfāng Míngzhū)

베이징의 천안문(天安门 Tiān'ān Mén)

Track04-08

◆ 다음을 빠르게 읽으며 중국어 발음을 연습해 보세요.

四十四
Sìshísì

四是四，十是十，
Sì shì sì,　shí shì shí,

十四是十四，四十是四十，
shísì shì shísì,　　sìshí shì sìshí,

四十四是四十四！
sìshísì shì sìshísì!

· ·

44

4는 4, 10은 10,

14는 14, 40은 40,

44는 44!

Wŏmen chī bǐsà.

我们吃比萨。

우리 피자 먹어요.

트레이닝 듣기

Track05과

학습 포인트

▶ **발음** i(yi) 결합운모 알기

▶ **표현** '먹다', '마시다' 표현 익히기

▶ **단어** 음식

Wǒ hěn è.　　　　　我很饿**❶**。

Wǒmen chī bǐsà.　　我们吃比萨**❷**。

Nǐ hē kāfēi ma?　　你喝咖啡**❷**吗?

Bù, wǒ hē kělè.　　不，我喝可乐**❷**。

◆ 우리말 해석을 확인해 보세요.

누나   나 배고파.

동민   우리 피자 먹자.

누나   커피 마실래?

동민   아니, 난 콜라 마실게.

발음 TIP

一의 성조 변화

숫자 一(yī)는 단독으로 읽을 때와 서수로 쓰일 때만 제1성 그대로 읽고,
그 외의 경우에는 성조가 변해요.

yì + 제1, 2, 3성	yí + 제4성, 경성
yì tiān yì nián yìqǐ	yídìng yí ge

Track05-02

□□ 我们 wǒmen 〔대〕 우리들

□□ 吃 chī 〔동〕 먹다

□□ 比萨 bǐsà 〔명〕 피자

□□ 咖啡 kāfēi 〔명〕 커피

□□ 可乐 kělè 〔명〕 콜라

─• 플러스Tip •─

❶ 饿(è)의 반대말은 饱(bǎo 배부르다)예요.

❷ 모두 외래어로 比萨(bǐsà)는 pizza, 咖啡(kāfēi)는 coffee, 可乐(kělè)는 cola의 발음을 따서
   만들었어요.

i(yi) 결합운모

i 뒤에 다른 운모가 결합되어 만들어진 운모로, i가 성모 없이 단독으로 쓰일 때는 yi로 표기합니다.

ia(ya)
이야

ie(ye)
이예

iao(yao)
이야오

iou(you)
이여우

ian(yan)
이앤

iang(yang)
이양

iong(yong)
이용

in(yin)
인

ing(ying)
잉

발음 TIP

i 결합운모 표기 & 발음 방법

❶ i로 시작되는 음절은 i를 y로 바꾸어 표기해요.
예) ia → ya   iao → yao   ie → ye   iong → yong

❷ 음절 중 운모 i만 있으면 i를 yi로 바꾸어 표기해요.
예) i → yi   in → yin   ing → ying

❸ iou가 성모와 결합할 때는 o를 생략해 iu로 표기하고 o는 약하게 발음해요.
예) j + iou → jiu   n + iou → niu

♦ 다음을 큰 소리로 따라 읽어 보세요.

ia	ie	iao	iou

xià
下 아래

xié
鞋 신발

xiǎo
小 작다

jiǔ
酒 술

ian	iang	iong

liǎn
脸 얼굴

jiāng
江 강

xióng
熊 곰

in	ing

xìn
信 편지

píng
瓶 병

◆ 다음 그림 단어를 익힌 후, **보기** 와 같이 문장을 만들어 보세요.

보기

Wǒ chī ___bǐsà___ .
나는 피자를 먹습니다.

Wǒ hē ___kělè___ .
나는 콜라를 마십니다.

chī 吃 먹다 | hē 喝 마시다

1

Wǒ chī _____.

miànbāo 面包 빵

2

Wǒ chī _____.

xiāngjiāo 香蕉 바나나

3

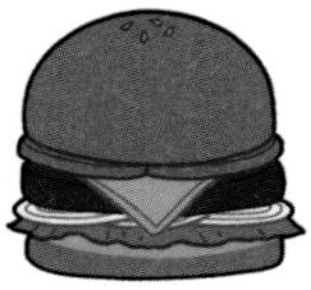

hànbǎobāo 汉堡包 햄버거

Wǒ chī _____.

4

kāfēi 咖啡 커피

Wǒ hē _____.

5

kělè 可乐 콜라

Wǒ hē _____.

6

niúnǎi 牛奶 우유

Wǒ hē _____.

7

píjiǔ 啤酒 맥주

Wǒ hē _____.

Track05-06

1 녹음을 들으며 발음을 연습해 보세요.

yān	niú	xiǎo	yào
jīntiān	yāoqiú	Qīngdǎo	yīfu
yágāo	zúqiú	píjiǔ	jiérì
miànbāo	xiàngpí	diànyǐng	xièxie

Track05-07

2 녹음을 듣고 빈칸에 알맞은 발음을 쓰세요.

❶ xǐ _____　　❷ _____zi　　❸ hē _____　　❹ hěn _____

❺ mǎi _____　　❻ Hàn _____　　❼ méi_____　　❽ _____māo

3 우리말을 참고하여 빈칸에 알맞은 한어병음을 쓰세요.

❶ 아빠는 바나나를 먹습니다.

➡ _____ chī x_____ j_____.

❷ 오빠는 빵을 먹고, 남동생은 우유를 마십니다.

➡ Gēge chī _____, dìdi hē _____.

❸ 언니는 맥주를 마시지 않습니다.

➡ _____ bù hē _____.

다양한 용어로 불리는 중국어

중국어는 汉语(Hànyǔ), 普通话(pǔtōnghuà), 中文(Zhōngwén) 등 여러 단어로 불리는데, 汉语는 '한족의 언어'라는 뜻이고, 普通话는 '표준어'라는 뜻이에요. 中文은 '한족의 언어와 문자를 아울러서 말해요.

중국은 국토가 넓은 만큼 방언도 다양해요. 크게 7개의 방언으로 나뉘는데, 중국인들끼리도 의사소통이 되지 않을 만큼 차이가 심해요. 그래서 영화나 드라마, 뉴스 등에는 중국어 자막이 있죠. 아래는 모두 '감사합니다'라는 뜻이지만 보통화와 홍콩에서 쓰는 광둥어는 단어와 발음이 달라요.

谢谢	多謝
시에시에	또제
[보통화]	[광둥어]

◆ **중국의 7대 방언**

감(贛)방언 장시성 지역에서 사용

객가(客家)방언 광둥성 일대에서 사용

상(湘)방언 후난성 지역에서 사용

월(粤)방언 광저우 지역에서 사용(광둥어)

오(吳)방언 상하이, 쑤저우 지역에서 사용

북방(北方)방언 베이징 등 분포 지역이 가장 넓음

민(閩)방언 푸젠성 지역에서 사용

그림으로 배우는 단어 음식

Track05-08

吃
chī
먹다

小笼包
xiǎolóngbāo
샤오룽바오

三明治
sānmíngzhì
샌드위치

冰淇淋
bīngqílín
아이스크림

炸鸡
zhájī
치킨

喝
hē
마시다

茶
chá
차

奶茶
nǎichá
밀크티

果汁
guǒzhī
과일 주스

水
shuǐ
물

START!

6과

Zhè shì shénme?

这是什么?

이것은 뭐예요?

트레이닝 듣기

Track06과

학습 포인트

▶ **발음** u(wu) 결합운모 알기
▶ **표현** '이것(저것)은 ～입니다' 표현 익히기
▶ **단어** 사물

 Zhè shì shénme?　　这①是什么②?

 Zhè shì shū.　　这是书。

 Nà shì shénme?　　那①是什么?

 Nà shì běnzi.　　那是本子。

♦ 우리말 해석을 확인해 보세요.

선생님   이것은 뭐지?

동민   이것은 책이에요.

선생님   저것은 뭐지?

동민   저것은 노트예요.

Track06-02

□□ 这 zhè ㉻ 이, 이것   □□ 书 shū ㉱ 책

□□ 那 nà ㉻ 그, 그것, 저, 저것   □□ 本子 běnzi ㉱ 노트

□□ 什么 shénme ㉻ 무엇

─• 플러스Tip •─

❶ 가까이 있는 것을 가리킬 때는 这(zhè), 조금 떨어져 있는 것을 가리킬 때는 那(nà)를 사용해요.

❷ 什么(shénme)는 우리말의 '무엇'에 해당하는 의문대사로, 중국어는 의문사를 써도 어순에는 변화가 없어요. 의문대사를 사용한 의문문은 문장 속에 이미 의문의 뜻이 내포되어 있어 문장 끝에 吗(ma)를 붙이지 않아요.

u(wu) 결합운모

u 뒤에 다른 운모가 결합되어 만들어진 운모로, u가 성모 없이 단독으로 쓰일 때는 wu
로 표기합니다.

ua(wa)
우와

uo(wo)
우워

uai(wai)
우와이

uan(wan)
우완

uang(wang)
우왕

uei(wei)
우웨이

uen(wen)
우원

ueng(weng)
우웡

발음 TIP

u 결합운모 표기 & 발음 방법

❶ u로 시작되는 음절은 u를 w로 바꾸어 표기해요.
　예 ua → wa　　uo → wo　　uan → wan　　uen → wen

❷ 음절 중 u 운모만 있으면 wu로 바꾸어 표기해요.
　예 u → wu

❸ uei, uen이 성모와 결합할 때는 e를 생략하여 ui, un으로 표기
하고 e는 약하게 발음해요.
　예 d + uei → dui　　　　　　　t + uen → tun

◆ 다음을 큰 소리로 따라 읽어 보세요.

ua		uo	
huà 画 그리다	**wáwa** 娃娃 인형	**duō** 多 많다	**wǒ** 我 나

uai	uan	uang
kuài 快 빠르다	**duǎn** 短 짧다	**zhuàng** 撞 부딪히다

uei	uen	ueng
guì 贵 비싸다	**chūntiān** 春天 봄	**wēng** 翁 노인

 그림 보고 말하기

♦ 다음 그림 단어를 익힌 후, **보기** 와 같이 문장을 만들어 보세요.

보기

shū 书 책 | běnzi 本子 노트

Zhè shì shénme? 이것은 무엇입니까?

➡ Zhè shì __shū__ . 이것은 책입니다.

Nà shì shénme? 저것은 무엇입니까?

➡ Nà shì __běnzi__ . 저것은 노트입니다.

1

běizi 杯子 컵, 잔

Zhè shì shénme?

➡ Zhè shì _____ .

2

kuàizi 筷子 젓가락

Zhè shì shénme?

➡ Zhè shì _____ .

3

Zhè shì shénme?

➡ Zhè shì _____ .

shuǐguǒ 水果 과일

4

Nà shì shénme?

➡ Nà shì _____ .

wáwa 娃娃 인형

5

Nà shì shénme?

➡ Nà shì _____ .

wàzi 袜子 양말

6

Nà shì shénme?

➡ Nà shì _____ .

yīfu 衣服 옷

7

Nà shì shénme?

➡ Nà shì _____ .

shūbāo 书包 책가방

연습문제

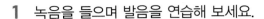

1 녹음을 들으며 발음을 연습해 보세요.

wā	wéi	wǎn	duì
Zhōngwén	wàiguó	huàirén	zuìhǎo
máodùn	qǐngwèn	hěn guì	huí jiā
wèishēng	shàng wǎng	wǎnshang	nuǎnhuo

2 녹음을 듣고 빈칸에 알맞은 발음을 쓰세요.

❶ bù _____ ❷ tài _____ ❸ guó_____ ❹ _____tiān

❺ _____ chē ❻ _____tí ❼ bú _____ ❽ _____huo

3 우리말을 참고하여 빈칸에 알맞은 한어병음을 쓰세요.

❶ 이것은 무엇입니까? 이것은 인형입니다.

➡ _____ shì shénme? _____ shì _____.

❷ 저것은 무엇입니까? 저것은 노트입니다.

➡ _____ shì shénme? _____ shì _____.

❸ 그들은 과일을 먹습니다.

➡ _____ chī _____.

중국의 대표적인 전통극 경극

'베이징 오페라'라고도 불리는 경극(京剧 jīngjù)은 중국의 대표적인 전통 연극이에요. 경극은 창(唱 chàng 노래), 염(念 niàn 대사), 주(做 zuò 동작), 타(打 dǎ 무술 동작) 네 가지로 구성되어 있는 종합 공연 예술로, 300종이 넘는 전통극 중에서 가장 큰 인기를 얻어 '국극(國劇)'이라고 불리기도 해요. 2010년에는 유네스코 인류무형 문화유산으로 지정되었어요.

경극에서는 배우의 역할이 엄격하게 규정되어 있고, 한 사람이 여러 배역을 맡지 않고 평생 한 배역만을 연기해요. 배역은 크게 남자 역인 생(生 shēng), 여자 역인 단(旦 dàn), 호걸이나 악인 등 개성 있는 인물인 정(净 jìng), 어릿광대 등 희극적인 인물인 축(丑 chǒu)으로 나뉘어요. 배우의 의상은 화려하고, 과장된 얼굴 분장은 색이나 문양 등을 이용해서 등장인물의 성격이나 지위를 나타내요. 예를 들면 붉은색은 용기와 충성, 흰색은 교활함과 간사함, 검은색은 용맹함을 뜻하죠.

Track06-08

西瓜
xīguā
수박

橘子
júzi
귤

桃子
táozi
복숭아

菠萝
bōluó
파인애플

苹果
píngguǒ
사과

葡萄
pútao
포도

草莓
cǎoméi
딸기

梨
lí
배

芒果
mángguǒ
망고

START!

7과

Nǐ qù nǎr?

你去哪儿?

당신은 어디에 가나요?

트레이닝 듣기

Track07과

학습 포인트

▶ **발음**　ü(yu) 결합운모 알기

▶ **표현**　'～에 갑니다', '～에 있습니다' 표현 익히기

▶ **단어**　장소

Nǐ qù nǎr? 你去哪儿❶?

Wǒ qù xuéxiào. 我去❷学校。

Gēge zài nǎr? 哥哥在哪儿?

Tā zài gōngsī. 他在❸公司。

♦ 우리말 해석을 확인해 보세요.

엄마 　너는 어디 가니?

동민 　저는 학교에 가요.

엄마 　형은 어디에 있니?

동민 　그는 회사에 있어요.

발음 TIP

얼화(儿化 érhuà)

단어의 마지막 음절 뒤에 儿(ér)이 붙어 발음이 변하는 현상을 얼화(儿化)라고 해요. 이때 본래의 음에 변화가 생기지만 발음을 표기할 때는 변화된 발음을 적지 않고 음절 뒤에 r만 붙여 표기해요. 작고 귀여우며 친숙한 것을 부를 때 또는 습관적으로 쓰는데, 베이징 일대 지방에서 특징적으로 나타나요.

예 饭馆儿 fànguǎnr 음식점, 식당　花儿 huār 꽃　歌儿 gēr 노래

Track07-02

□□ 去 qù 통 가다

□□ 在 zài 통 ~에 있다

□□ 哪儿 nǎr 대 어디, 어느 곳

□□ 学校 xuéxiào 명 학교

□□ 公司 gōngsī 명 회사

── 플러스Tip ──

❶ 哪儿(nǎr)은 우리말의 '어디'에 해당하는 의문대사로, 문장 끝에는 의문의 어기조사 吗(ma)를 쓰지 않아요.

❷ 去(qù)는 '~에 가다'라는 뜻으로 특정한 목적지에 갈 때 사용해요.

❸ 在(zài)는 '~에 있다'라는 뜻으로 뒤에 장소를 나타내는 단어가 와요.

Track07-03

ü(yu) 결합운모

ü 뒤에 다른 운모가 결합되어 만들어진 운모로, ü가 성모 없이 단독으로 쓰일 때는 yu
로 표기합니다.

üe(yue)	**üan**(yuan)	**ün**(yun)
위예	위앤	윈

발음 **TIP**

ü 결합운모 표기

❶ ü로 시작하는 음절은 ü를 yu로 바꾸어 표기해요.
   예) ü → yu   üe → yue   üan → yuan   ün → yun

❷ 성모 j, q, x와 운모 ü가 결합할 경우에는 ü의 두 점을 떼어
   버리고 u로 표기해요.
   예) jü → ju   qüe → que   xüan → xuan

Track07-04

◆ 다음을 큰 소리로 따라 읽어 보세요.

ju	jue	juan	jun

júzi	**jūnrén**
橘子 귤	军人 군인

qu	que	quan	qun

qù
去 가다

qúnzi
裙子 치마

xu	xue	xuan	xun

xué
学 배우다

xuǎnzé
选择 고르다

nü	nüe	lü	lüe

nǚháir
女孩儿 여자아이

lǜchá
绿茶 녹차

◆ 다음 그림 단어를 익힌 후, **보기**와 같이 문장을 만들어 보세요.

보기

Nǐ qù nǎr?   당신은 어디에 갑니까?

➡ Wǒ qù ___xuéxiào___.   나는 학교에 갑니다.

Nǐ zài nǎr?   당신은 어디에 있습니까?

➡ Wǒ zài ___gōngsī___.   나는 회사에 있습니다.

qù 去 가다 ｜ zài 在 ~에 있다

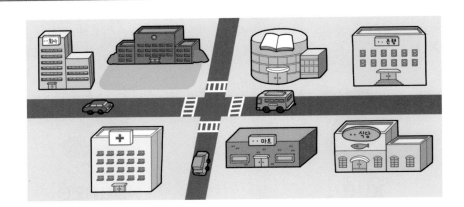

1

Nǐ qù nǎr? ➡ Wǒ qù _____.

Nǐ zài nǎr? ➡ Wǒ zài _____.

xuéxiào 学校 학교

2

Nǐ qù nǎr? ➡ Wǒ qù _____.

Nǐ zài nǎr? ➡ Wǒ zài _____.

túshūguǎn 图书馆 도서관

3

gōngsī 公司 회사

Nǐ qù nǎr? ➡ Wǒ qù _____.

Nǐ zài nǎr? ➡ Wǒ zài _____.

4

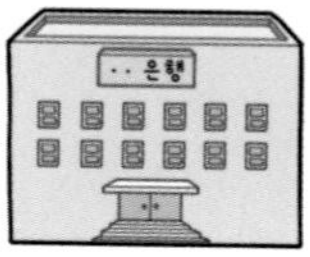

yínháng 银行 은행

Nǐ qù nǎr? ➡ Wǒ qù _____.

Nǐ zài nǎr? ➡ Wǒ zài _____.

5

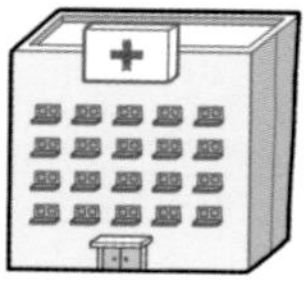

yīyuàn 医院 병원

Nǐ qù nǎr? ➡ Wǒ qù _____.

Nǐ zài nǎr? ➡ Wǒ zài _____.

6

chāoshì 超市 마트, 슈퍼마켓

Nǐ qù nǎr? ➡ Wǒ qù _____.

Nǐ zài nǎr? ➡ Wǒ zài _____.

7

fànguǎnr 饭馆儿 음식점, 식당

Nǐ qù nǎr? ➡ Wǒ qù _____.

Nǐ zài nǎr? ➡ Wǒ zài _____.

Track07-06

1 녹음을 들으며 발음을 연습해 보세요.

xūn	yú	yuǎn	qù
tóuyūn	yóujú	yǔyán	qúnzi
xuéyuàn	quánmiàn	jiǔ yuè	júzi
yǎnyuán	Rìyǔ	Fǎyǔ	xuéxí

Track07-07

2 녹음을 듣고 빈칸에 알맞은 발음을 쓰세요.

❶ _____liang ❷ _____rén ❸ _____duì

❹ shàng _____ ❺ xué _____ ❻ mǎi _____

❼ hē _____ ❽ chī _____ ❾ _____zé

3 우리말을 참고하여 빈칸에 알맞은 한어병음을 쓰세요.

❶ 누나는 학교에 갑니다. ➡ Jiějie _____.

❷ 그들은 마트에 갑니다. ➡ Tāmen _____.

❸ 할아버지는 식당에 계십니다. ➡ Yéye _____.

중국의 상징 만리장성

세계 7대 불가사의 중 하나인 만리장성(万里长城 Wànlǐ Chángchéng)을 중국 사람들은 간단히 '장성(长城 Chángchéng)'이라고 불러요. 유네스코 세계 문화유산에 등재되어 있는 만리장성은 중국 역대 왕조가 변경을 방위하기 위해 축조한 성벽으로, 지도상의 총 연장 길이는 약 2,700km이지만, 중간에 갈라져 나온 가지를 모두 합하면 약 6,400km에 걸쳐서 동서로 뻗어 있는 인류 역사상 최대 규모의 토목 공사 유적이에요.

마오쩌둥(毛泽东 Máo Zédōng)은 '만리장성을 오르지 않고서는 사내대장부라고 할 수 없다(不到长城非好汉 bú dào Chángchéng fēi hǎohàn)'라는 말을 남겼는데, 그래서인지 성년이 된 중국의 남자들은 반드시 만리장성에 올라야 한다고 하네요.

현재 남아 있는 장성으로는 베이징 주변의 팔달령(八达岭 Bādálǐng) 장성, 사마대(司马台 Sīmǎtái) 장성, 허베이성의 산해관(山海关 Shānhǎiguān), 간쑤성의 가욕관(嘉峪关 Jiāyùguān) 등이 있어요. 관광객들은 보존이 잘 되어 있는 팔달령 장성과 사마대 장성을 가장 많이 찾는데, 사마대 장성 근처에는 고북수진(古北水镇 Gǔběi Shuǐzhèn)이 있어 중국의 정취도 함께 느낄 수 있어요.

Track07-08

♦ 중국 노래를 따라 부르며 중국어 발음을 연습해 보세요.

两只老虎
Liǎng zhī lǎohǔ

两只老虎　　两只老虎
liǎng zhī lǎohǔ　　liǎng zhī lǎohǔ

跑得快　　跑得快
pǎo de kuài　　pǎo de kuài

一只没有耳朵　　一只没有尾巴
yì zhī méiyǒu ěrduo　　yì zhī méiyǒu wěiba

真奇怪　　真奇怪
zhēn qíguài　　zhēn qíguài

두 마리 호랑이

두 마리 호랑이　두 마리 호랑이

빨리 달리네　빨리 달리네

한 마리는 귀가 없고　한 마리는 꼬리가 없네

정말 이상해　정말 이상해

Nǐ yǒu nǚpéngyou ma?

你有女朋友吗?

당신은 여자 친구가 있어요?

트레이닝 듣기

Track08과

학습 포인트

- ▶ **발음** 성조 변화 알기
- ▶ **표현** '있다', '없다' 표현 익히기
- ▶ **단어** 가구, 가전

Nǐ yǒu nǚpéngyou ma?　　你有❶女朋友吗?

Wǒ méiyǒu nǚpéngyou.　　我没有女朋友。
Nǐ yǒu méiyǒu nánpéngyou?　你有没有❷男朋友?

Wǒ yǒu nánpéngyou.　　我有男朋友。

♦ 우리말 해석을 확인해 보세요.

누나 너는 여자 친구가 있니?

동민 나는 여자 친구가 없어.

    누나는 남자 친구가 있어, 없어?

누나 나는 남자 친구가 있어.

Track08-02

□□ 有 yǒu 통 있다, 가지고 있다

□□ 没有 méiyǒu 통 없다

□□ 女朋友 nǚpéngyou 명 여자 친구

□□ 男朋友 nánpéngyou 명 남자 친구

—•플러스Tip•—

❶ '(가지고) 있다'의 뜻을 지닌 동사 有(yǒu)의 부정형은 没有(méiyǒu)예요. 不有로 쓰지 않도록 주의하세요.

❷ 有(yǒu)가 쓰인 문장의 정반의문문은 有没有(yǒu méiyǒu) 형식을 써요.

성조 변화

1 경성의 높낮이

경성의 높이는 앞의 성조에 따라 결정됩니다.

제1성＋경성

māma

제2성＋경성

xuésheng

제3성＋경성

nǐmen

제4성＋경성

mèimei

2 제3성의 성조 변화

① 제3성의 연속 : 제3성의 음절이 연이어 나올 경우, 앞의 제3성은 제2성으로 읽습니다.

제3성 ＋ 제3성 ➡ 제2성 ＋ 제3성

예) nǐ hǎo ➡ ní hǎo   hěn hǎo ➡ hén hǎo

② 반3성 : 제3성 음절 뒤에 제1, 2, 4성, 경성이 오게 되면 앞의 제3성은 내려가는 부분만 발음하고 올라가는 부분은 발음하지 않는데, 이를 '반3성'이라고 합니다.

제3성(∨) ＋ 제1, 2, 4성, 경성 ➡ 반3성(∨) ＋ 제1, 2, 4성, 경성

제3성＋제1성

lǎoshī

제3성＋제2성

wǒ lái

제3성＋제4성

mǐfàn

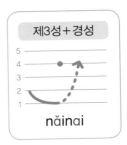

제3성＋경성

nǎinai

3 不의 성조 변화

不(bù)는 원래 제4성이지만, 뒤에 제4성이 올 경우에는 제2성으로 읽습니다.

bù + 제1, 2, 3성	bú + 제4성
예 bù chī　bù lái　bù mǎi	예 bú qù　bú kàn　bú guì

4 一의 성조 변화

① 숫자 一(yī)는 단독으로 읽을 때와 서수로 쓰일 때만 제1성 그대로 읽습니다.

예 yī　　　dì-yī kè　　　yī yuè

② 제1, 2, 3성 앞에서는 제4성으로 읽고, 제4성이나 제4성이 변한 경성 앞에서는 제2성으로 읽습니다.

예 yì tiān　　　yì nián　　　yìqǐ　　　yídìng　　　yí ge

Track08-04

♦ 다음을 큰 소리로 따라 읽어 보세요.

제1성과의 결합
bīngxiāng 冰箱 냉장고
Zhōngguó 中国 중국
qiānbǐ 铅笔 연필
yīnyuè 音乐 음악
māma 妈妈 엄마

제2성과의 결합
míngtiān 明天 내일
yínháng 银行 은행
niúnǎi 牛奶 우유
báisè 白色 흰색
xuésheng 学生 학생

제3성과의 결합
lǎoshī 老师 선생님
nǚ'ér 女儿 딸
shuǐguǒ 水果 과일
kělè 可乐 콜라
nǎinai 奶奶 할머니

제4성과의 결합
miànbāo 面包 빵
miàntiáo 面条 국수
Shànghǎi 上海 상하이
Hànzì 汉字 한자
zhàngfu 丈夫 남편

◆ 다음 그림 단어를 익힌 후, **보기**와 같이 문장을 만들어 보세요.

보기

Yǒu méiyǒu ___zhuōzi___ ?　탁자가 있습니까, 없습니까?
➡ Yǒu ___zhuōzi___ .　탁자는 있습니다.

Yǒu méiyǒu ___yǐzi___ ?　의자가 있습니까, 없습니까?
➡ Méiyǒu ___yǐzi___ .　의자는 없습니다.

– 그림 ⓐ와 ⓑ에 있는 사물에 대해 이야기해 보세요.

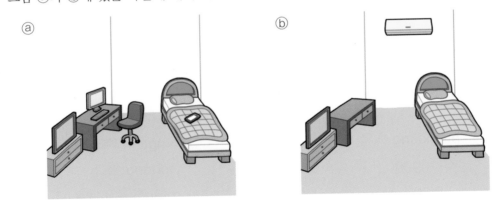

ⓐ　　　　　　　　　　ⓑ

1

chuáng 床 침대

Yǒu méiyǒu _____?
➡ ⓐ _____ .　ⓑ _____ .

2

zhuōzi 桌子 탁자, 테이블

Yǒu méiyǒu _____?
➡ ⓐ _____ .　ⓑ _____ .

3

Yǒu méiyǒu _____?

➡ ⓐ _____. ⓑ _____.

yǐzi 椅子 의자

4

Yǒu méiyǒu _____?

➡ ⓐ _____. ⓑ _____.

diànshì 电视 텔레비전, TV

5

Yǒu méiyǒu _____?

➡ ⓐ _____. ⓑ _____.

diànnǎo 电脑 컴퓨터

6

Yǒu méiyǒu _____?

➡ ⓐ _____. ⓑ _____.

kōngtiáo 空调 에어컨

7

Yǒu méiyǒu _____?

➡ ⓐ _____. ⓑ _____.

shǒujī 手机 핸드폰

1 녹음을 들으며 발음을 연습해 보세요.

Track08-06

liúxuéshēng	túshūguǎn	huǒchēzhàn	chūzūchē
dàshǐguǎn	yǒu shíhou	xiǎochīdiàn	huàzhuāngpǐn
bàngōngshì	tàijíquán	yùndònghuì	wǎngqiúchǎng
yǒu yìsi	méi guānxi	mǎi dōngxi	yùndòngyuán

2 녹음을 듣고 빈칸에 알맞은 한어병음을 쓰세요.

Track08-07

❶ Wǒmen dōu _____.

❷ Bàba _____ bú qù _____.

❸ Tāmen _____ shì _____.

3 우리말을 참고하여 빈칸에 알맞은 한어병음을 쓰세요.

❶ 나는 중국 친구가 있습니다.

➡ Wǒ _____ Zhōngguó _____.

❷ 아빠는 핸드폰이 있는데, 엄마는 핸드폰이 없습니다.

➡ Bàba _____, māma _____.

❸ 당신은 컴퓨터가 있습니까? 나는 컴퓨터가 없습니다.

➡ Nǐ _____? Wǒ _____.

환경에 따라 다른 중국의 전통 가옥

중국은 국토가 넓고 다양한 기후와 민족이 있어 전통 가옥의 형태도 달라요.

사합원(四合院 sìhéyuàn)은 북방의 베이징을 중심으로 한 전통적인 민간 가옥으로, 동서남북은 방으로 둘러싸고 가운데 네모난 정원이 있어요. 남방은 기본적으로 사합원의 구조를 따르고 있지만 기온이 높은 탓에 햇빛을 피하기 위해 벽을 높게 쌓았어요.

푸젠성의 산악 지대에는 토루(土楼 tǔlóu)라고 하는 전통 가옥 형태가 있어요. 적들의 공격을 방어하기 위해 생겨 난 집합 주택 형태로, 흙으로 된 원형의 건물 가운데에 공용 시설물이 자리잡고 있죠. 다층 구조로 되어 있는데, 아래층에는 창이 없어서 흙벽의 두께가 1m가 넘는다고 해요. 2008년에 유네스코 세계 문화유산으로 지정되었어요.

베이징의 사합원

푸젠성의 토루

◆ 병음 퍼즐에 숨겨진 문장을 찾은 후 써보세요.

²nǐ	nǎr	¹wǒ	men	shì	máng
yǒu	nǚ	lèi	zài	xué	sheng
lǎo	³tā	péng	jiàn	⁵nǐ	hē
⁴wǒ	měi	qù	you	kàn	kā
shì	xiào	tú	shū	ma	fēi
Hán	guó	rén	guǎn	zhōng	ma

1 Wǒmen shì xuésheng. _____

2 _____

3 _____

4 _____

5 _____

▶ 정답 → 200쪽

我们都不去。

Wǒmen dōu bú qù.

우리는 모두 가지 않아요.

트레이닝 듣기

Track09과

학습 포인트

▶ **표현**　의사 표현 익히기

▶ **어법**　인칭대사 | 동사술어문 | 也와 都

我去，你们也去吗?

Wǒ qù, nǐmen yě qù ma?

我们都不❶去。❷

Wǒmen dōu bú qù.

他们去不去?

Tāmen qù bu qù?

他们也都不去。

Tāmen yě dōu bú qù.

◆ 우리말 해석을 확인해 보세요.

엄마　　　나는 가는데, 너희들도 가니?

동민　　　우리는 모두 가지 않아요.

엄마　　　그들은 가니, 안 가니?

동민　　　그들도 모두 가지 않아요.

Track09-02

□□ 我们 wǒmen 〔대〕 우리들

□□ 你们 nǐmen 〔대〕 너희들, 당신들

□□ 他们 tāmen 〔대〕 그들

□□ 也 yě 〔부〕 ~도, 또한

□□ 都 dōu 〔부〕 모두

□□ 去 qù 〔동〕 가다

─●플러스Tip●─

❶ 부정을 나타내는 부사 不(bù) 뒤에 제4성의 단어가 오면 不는 제2성(bú)으로 읽어요.

❷ 중국어에서 마침표(句号 jùhào)는 점이 아닌 동그라미 [。]를 써요. 입력할 때는 중국어 자판으로 변경한 후에 우리말의 마침표 자판을 누르면 돼요.

1 인칭대사

사람을 대신하는 말을 '인칭대사'라고 합니다.

	단수	복수
1인칭	我 wǒ 나	我们 wǒmen 우리들
2인칭	你 nǐ 너 ㅣ 您 nín 당신	你们 nǐmen 너희들, 당신들
3인칭	他 tā 그	他们 tāmen 그들
	她 tā 그녀	她们 tāmen 그녀들
	它 tā 그것[사람 이외의 것]	它们 tāmen 그것들

TIP ① 사람을 가리키는 명사나 인칭대사 뒤에 접미사 们(men)을 붙이면 복수의 의미를 나타냅니다.
② 您은 你의 존칭어입니다. 복수형은 您们이 아니라 你们을 씁니다.
③ 동물이나 사물을 나타내는 단어 뒤에는 们을 쓰지 않습니다. 예 书们 (✕)

확인체크

♦ 다음 그림을 보고 알맞은 3인칭 대사를 쓰세요.

❶ _____ ❷ _____ ❸ _____

2 동사술어문

중국어의 기본 어순은 「주어+술어」입니다. 동사가 술어가 되는 문장을 '동사술어문'이라고 합니다.

긍정문　　　주어 + 동사

我看。　나는 봅니다.
Wǒ kàn.

他来。　그는 옵니다.
Tā lái.

부정문　　　주어 + 不 + 동사

我不看。　나는 보지 않습니다.
Wǒ bú kàn.

他不来。　그는 오지 않습니다.
Tā bù lái.

일반의문문   주어 + 동사 + 吗?

你看吗?   당신은 봅니까?   他来吗?   그는 옵니까?
Nǐ kàn ma?   Tā lái ma?

정반의문문   주어 + 동사 + 不 + 동사?

你看不看?   당신은 봅니까, 안 봅니까?   他来不来?   그는 옵니까, 안 옵니까?
Nǐ kàn bu kàn?   Tā lái bu lái?

TIP 정반의문문에 쓰인 不(bù)는 경성으로 읽습니다.

확인체크

♦ 다음 문장을 부정문과 의문문으로 바꾸어 보세요.

❶ 我买。 ➡ _____ ➡ _____

❷ 他看。 ➡ _____ ➡ _____

---

3 也와 都

也와 都는 모두 부사로, 주어 뒤 술어 앞에 놓습니다. 也와 都가 함께 있는 경우에는 也가 都 앞에 놓여 「…也都…」의 형식으로 씁니다.

我们也去。   우리도 갑니다.
Wǒmen yě qù.

我们都去。   우리는 모두 갑니다.
Wǒmen dōu qù.

我们也都去。   우리도 모두 갑니다.
Wǒmen yě dōu qù.

확인체크

♦ 제시된 단어가 들어갈 알맞은 위치를 고르세요.

❶ 他 A 不 B 吃 C 。   (也)

❷ 我们 A 也 B 看 C 。 (都)

◆ 다음 문장을 따라 읽으며 중국어의 문장 구조를 익혀 보세요.

1 吃。   먹다.
Chī.

吃吗?   먹어요?
Chī ma?

你们都吃吗?   당신들은 모두 먹어요?
Nǐmen dōu chī ma?

我们都吃。   우리는 모두 먹어요.
Wǒmen dōu chī.

---

2 学。   배우다.
Xué.

学吗?   배워요?
Xué ma?

你们都学吗?   당신들은 모두 배워요?
Nǐmen dōu xué ma?

我们都不学。   우리는 모두 배우지 않아요.
Wǒmen dōu bù xué.

---

3 买。   사다.
Mǎi.

买不买?   사요, 안 사요?
Mǎi bu mǎi?

你们买不买?   당신들은 사요, 안 사요?
Nǐmen mǎi bu mǎi?

我不买，她也不买。   나는 사지 않고, 그녀도 사지 않아요.
Wǒ bù mǎi, tā yě bù mǎi.

단어   学 xué 동 배우다

♦ 다음 그림을 보고 **보기**와 같이 문장을 만들어 보세요.

보기

姐姐 <u>买</u> , 哥哥 <u>不买</u> 。
Jiějie mǎi, gēge bù mǎi.
누나는 사고, 형은 사지 않습니다.

1

爷爷_____ , 奶奶_____ 。
Yéye　　　　　nǎinai

2

弟弟_____ , 妹妹也_____ 。
Dìdi　　　　　mèimei yě

他们都_____ 。
Tāmen dōu

3

妈妈_____ , 爸爸也_____ 。
Māma　　　　　bàba yě

他们都_____ 。
Tāmen dōu

4

奶奶_____ , 爷爷也_____ 。
Nǎinai　　　　　yéye yě

他们都_____ 。
Tāmen dōu

힌트　听 tīng 동 듣다 | 喝 hē 동 마시다

연습 문제

Track09-05

1 녹음을 들으며 u와 ü 그리고 i 발음을 연습해 보세요.

bu	pu	mu	du	tu
nü	lü	ju	qu	xu

bùxíng	pútao	mǔqīn	dùzi
júzi	xuéxiào	qúnzi	juǎnfà

bi	pi	ni	ji	qi	xi	
zi	ci	si	zhi	chi	shi	ri

zhìhuì — jìhuì   zhīxīn — jīxīn
yìchǐ — yìqǐ   shìzi — xìzi

Track09-06

2 녹음을 듣고 다음 문장의 한어병음을 써보세요.

❶ 你们学不学？ ➡ _____

❷ 我们都不去。你去吗？ ➡ _____

Track09-07

3 녹음을 듣고 제시된 문장과 내용이 일치하는지 ○×로 표시하세요.

❶ 他们都来。 （   ）
Tāmen dōu lái.

❷ 他们都不吃。 （   ）
Tāmen dōu bù chī.

❸ 他们都不看。 （   ）
Tāmen dōu bú kàn.

4 다음 문장을 중국어로 써보세요.

❶ 당신들은 모두 봅니까?

➡ _____

❷ 그들도 모두 사지 않습니다.

➡ _____

❸ 누나는 듣고, 형은 듣지 않습니다.

➡ _____

5 본문의 회화를 참고하여, 다음 대화를 완성하세요.

我去，你们_____去吗?
Wǒ qù, nǐmen _____ qù ma?

我们_____不去。
Wǒmen _____ bú qù.

他们_____?
Tāmen _____?

他们_____不去。
Tāmen _____ bú qù.

보안 검색대가 지하철역에?!

베이징, 상하이, 칭다오 등 대부분의 대도시에는 지하철이 있는데, 처음 중국의 지하철을 타게 되면 우리에게는 낯선 것이 있어요. 바로 개찰구에 있는 보안 검색대예요. 중국은 철도 자체를 국가의 중요 시설로 여겨서 입출구에서 짐을 검사해요. 공항의 검색대처럼 자신의 짐을 엑스레이 검색대에 통과시켜야만 하죠. 또 지하철을 탈 때는 칼과 같은 뾰족한 물건이나 인화성 물질 등은 소지할 수 없어요. 물이나 음료수 등 액체류를 가지고 있을 경우에는 간혹 직접 마셔 보라고 하니 당황하지 마세요.

◆ **교통수단 관련 단어**

地铁
dìtiě
지하철

公共汽车
gōnggòng qìchē
버스

共享单车
gòngxiǎng dānchē
공용 자전거

汽车
qìchē
자동차

出租车
chūzūchē
택시

高铁
gāotiě
고속철도

哪个好看?

Nǎge hǎokàn?

어느 것이 예쁜가요?

트레이닝 듣기

Track10과

학습 포인트

▶ **표현** 선택 표현 익히기

▶ **어법** 형용사술어문 | 지시대사 | 哪个 | 정도부사

Track10-01

这个❶贵不贵?

Zhège guì bu guì?

这个不太贵❷。

Zhège bú tài guì.

哪个❶好看?

Nǎge hǎokàn?

那个❶最好看。

Nàge zuì hǎokàn.

♦ 우리말 해석을 확인해 보세요.

동민 이건 비싸, 안 비싸?

샤오잉 이건 그다지 비싸지 않아.

동민 어느 것이 예뻐?

샤오잉 저것이 제일 예뻐.

Track10-02

□□ 这个 zhège 대 이것

□□ 那个 nàge 대 그것, 저것

□□ 哪个 nǎge 대 어느 것

□□ 贵 guì 형 비싸다

□□ 好看 hǎokàn 형 보기 좋다, 예쁘다

□□ 不太 bú tài 그다지 ~하지 않다,
          별로 ~하지 않다

□□ 最 zuì 부 가장, 제일

────• 플러스Tip •────

❶ 这个는 zhèige, 那个는 nèige, 哪个는 něige라고도 읽어요. 这个를 예로 들면, 这一个(zhè yí ge)에서 一(yī)가 생략되어 这个가 되었는데, 一의 발음이 남아 있기 때문에 zhèige라고도 읽어요.

❷ 贵(guì)의 반대말은 便宜(piányi 싸다, 저렴하다)예요.

1 형용사술어문

형용사가 술어로 쓰인 문장을 '형용사술어문'이라고 합니다. 중국어의 형용사는 영어와 달리 직접 술어가 될 수 있기 때문에 be동사에 해당하는 是를 쓰지 않습니다.

긍정문　　　　주어 + 형용사

他很忙。　　그는 바빠요.
Tā hěn máng.

부정문　　　　주어 + 不 + 형용사

他不忙。　　그는 바쁘지 않아요.
Tā bù máng.

일반의문문　　주어 + 형용사 + 吗?

他忙吗?　　그는 바빠요?
Tā máng ma?

정반의문문　　주어 + 형용사 + 不 + 형용사?

他忙不忙?　그는 바빠요, 안 바빠요?
Tā máng bu máng?

TIP ① 很은 원래 '매우'라는 뜻이지만 형용사 술어 앞에서는 별다른 의미를 나타내지 않고 습관적으로 쓰입니다.
② 이음절 형용사는 정반의문문을 만들 때 「AB不AB?」 혹은 「A不AB?」의 두 가지 형식을 씁니다. 好看을 예로 들면, '好看不好看?' 혹은 중간의 看을 생략하고 '好不好看?'으로 표현할 수 있습니다.

확인체크 ◆ 제시된 단어를 배열하여 문장을 만드세요.

❶ 我 / 好 / 很　　　➡ _____

❷ 不 / 饿 / 你 / 饿　➡ _____

2 지시대사

사물이나 사람 등을 가리키거나 대신하는 것을 '지시대사'라고 합니다. 말하는 사람으로부터 가까운 것을 가리킬 때는 这(个), 조금 떨어져 있는 것을 가리킬 때는 那(个)를 씁니다.

这个贵吗? 이것은 비싸요?
Zhège guì ma?

那个很好吃。 저것은 맛있어요.
Nàge hěn hǎochī.

3 哪个

哪는 '어느', 哪个는 '어느 것'이라는 뜻의 의문대사로 여러 개 중에서 하나를 물을 때 사용합니다. 의문대사를 써서 의문문을 만들 때는 문장 끝에 吗를 붙이지 않습니다.

哪个好喝? 어느 것이 맛있어요?
Nǎge hǎohē?

哪个好喝吗? (×)

4 정도부사

우리말의 '매우', '너무', '아주' 등과 같이 성질이나 상태의 정도나 강도를 나타내는 부사를 '정도부사'라고 합니다.

最 zuì	가장, 제일	这个最有名。 이게 제일 유명해요. Zhège zuì yǒumíng.
非常 fēicháng	대단히, 몹시	东西非常好。 물건이 아주 좋아요. Dōngxi fēicháng hǎo.
很 hěn	매우, 아주	我很渴。 나는 목말라요. Wǒ hěn kě.
不太 bú tài	그다지 ~하지 않다	我不太饿。 나는 그다지 배고프지 않아요. Wǒ bú tài è.

확인체크
♦ 우리말을 참고하여 빈칸에 알맞은 정도부사를 쓰세요.

❶ 那个_____贵。 저것이 가장 비싸요.

❷ 眼睛_____好。 눈이 그다지 좋지 않아요.

단어 好吃 hǎochī 형 맛있다[먹는 것] | 好喝 hǎohē 형 맛있다[마시는 것] | 有名 yǒumíng 형 유명하다 | 东西 dōngxi 명 물건 | 眼睛 yǎnjing 명 눈[신체 부위]

Track10-03

♦ 다음 문장을 따라 읽으며 중국어의 문장 구조를 익혀 보세요.

1 多。
 Duō.

많다.

多 吗?
 Duō ma?

많아요?

中国人多吗?
 Zhōngguórén duō ma?

중국인이 많아요?

中国人很多。
 Zhōngguórén hěn duō.

중국인이 많아요.

---

2 困。
 Kùn.

졸리다.

困不困?
 Kùn bu kùn?

졸려요, 안 졸려요?

你困不困?
 Nǐ kùn bu kùn?

당신은 졸려요, 안 졸려요?

我不太困。
 Wǒ bú tài kùn.

나는 그다지 졸리지 않아요.

---

3 好吃。
 Hǎochī.

맛있다.

好吃吗?
 Hǎochī ma?

맛있어요?

这个好吃吗?
 Zhège hǎochī ma?

이것은 맛있어요?

这个非常好吃。
 Zhège fēicháng hǎochī.

이것은 굉장히 맛있어요.

단어 多 duō 형 많다 | 困 kùn 형 졸리다

 그림 보고 **말하기**

◆ 다음 그림을 보고 **보기** 와 같이 문장을 만들어 보세요.

보기

A 哪个贵? 어느 것이 비싸요?
　Nǎge guì?

B 手机 <u>非常贵</u> , 本子 <u>不贵</u> 。
　Shǒujī fēicháng guì, běnzi bú guì.
　핸드폰은 대단히 비싸고, 노트는 비싸지 않아요.

1

A 哪个好吃?
　Nǎge hǎochī?

B 面包＿＿＿＿＿ , 比萨 ＿＿＿＿＿ 。
　Miànbāo　　　　　bǐsà

2

A 他们都饿吗?
　Tāmen dōu è ma?

B 弟弟＿＿＿＿＿ , 妹妹 ＿＿＿＿＿ 。
　Dìdi　　　　　mèimei

3

A 他们都困吗?
　Tāmen dōu kùn ma?

B 学生＿＿＿＿＿ , 老师也 ＿＿＿＿＿ 。
　Xuésheng　　　　lǎoshī yě

4

A 哪个好喝?
　Nǎge hǎohē?

B 啤酒＿＿＿＿＿ , 咖啡也 ＿＿＿＿＿ 。
　Píjiǔ　　　　　kāfēi yě

힌트 最 zuì 🕮 가장, 제일 ｜ 非常 fēicháng 🕮 대단히, 몹시 ｜ 很 hěn 🕮 매우, 아주
　　　 ｜ 不太 bú tài 그다지 ~하지 않다 ｜ 不 bù 🕮 ~않다

Track10-05

1 녹음을 들으며 발음을 연습해 보세요.

zi	ci	si	—	zhi	chi	shi
zu	cu	su	—	zhu	chu	shu
zuo	cuo	suo	—	zhuo	chuo	shuo
zao	cao	sao	—	zhao	chao	shao
zang	cang	sang	—	zhang	chang	shang

zìdiǎn   cǎisè   suǒyǐ   shísì

cānjiā   zēngjiā   dǎsǎo   chēzhàn

Track10-06

2 녹음을 듣고 다음 문장의 한어병음을 써보세요.

❶ 这个不太贵。　　➡ _____

❷ 哪个最好看?　　➡ _____

Track10-07

3 녹음을 듣고 **보기**의 단어를 이용하여 문장을 완성하세요.

보기	很	非常	最	不太
	hěn	fēicháng	zuì	bú tài

❶ 中国人＿＿＿＿＿多。
　Zhōngguórén　　duō.

❷ 我＿＿＿＿＿困。
　Wǒ　　kùn.

❸ 这个＿＿＿＿＿好喝。
　Zhège　　hǎohē.

4 다음 문장을 중국어로 써보세요.

❶ 어느 것이 가장 맛있습니까? [먹는 것]

➡ _____

❷ 이것은 예쁩니까, 안 예쁩니까?

➡ _____

❸ 나는 그다지 피곤하지 않습니다.

➡ _____

5 본문의 회화를 참고하여, 다음 대화를 완성하세요.

这个贵不贵?
Zhège guì bu guì?

这个 _____ 贵。
Zhège _____ guì.

_____ 好看?
_____ hǎokàn?

_____ 最好看。
_____ zuì hǎokàn.

裤子
kùzi
바지

裙子
qúnzi
치마

鞋
xié
신발

帽子
màozi
모자

手提包
shǒutíbāo
핸드백

钱包
qiánbāo
지갑

你学什么?

Nǐ xué shénme?

당신은 무엇을 배워요?

트레이닝 듣기

Track 11과

학습 포인트

▶ **표현** 학습 관련 표현 익히기
▶ **어법** 목적어의 위치 | 什么 | 怎么样

Track11-01

你学什么？
Nǐ xué shénme?

我学汉语。
Wǒ xué Hànyǔ.

汉语怎么样？
Hànyǔ zěnmeyàng?

很有意思❶。
Hěn yǒu yìsi.

♦ 우리말 해석을 확인해 보세요.

샤오잉   너는 무엇을 배우니?

동민   나는 중국어를 배워.

샤오잉   중국어는 어때?

동민   매우 재미있어.

□□ **什么** shénme 때 무엇, 무슨   □□ **汉语** Hànyǔ 명 중국어

□□ **怎么样** zěnmeyàng 때 어떠하다   □□ **有意思** yǒu yìsi 재미있다

□□ **学** xué 동 배우다

플러스Tip

❶ 有意思(yǒu yìsi)는 '재미있다'라는 뜻으로, '재미없다'라고 할 때는 没(有)意思(méi(yǒu) yìsi)
를 써요.

1 목적어의 위치

중국어는 우리말과 달리 목적어가 동사 뒤에 놓입니다. 즉 '나는 밥을 먹는다'라는 문장은 중국어로 '我吃饭(나는 먹는다 밥을)'의 어순이 됩니다.

우리말	나는	밥을	먹는다.
중국어	我 Wǒ 나	吃 chī 먹다	饭。 fàn. 밥

주어 + 술어(동사) + 목적어

我爱你。　　나는 당신을 사랑해요.　　　我你爱。(✕)
Wǒ ài nǐ.

我吃蛋糕。　나는 케이크를 먹어요.
Wǒ chī dàngāo.

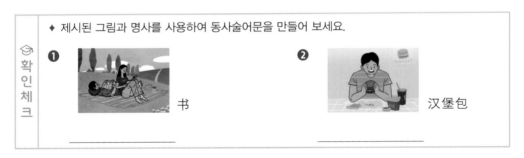

확인체크

♦ 제시된 그림과 명사를 사용하여 동사술어문을 만들어 보세요.

❶ 　　书　　　　　　　　　❷ 　　汉堡包

_____　　　　　_____

단어　饭 fàn 명 밥 | 爱 ài 동 사랑하다 | 蛋糕 dàngāo 명 케이크 |
酒 jiǔ 명 술 | 菜 cài 명 요리, 음식

2 什么

什么는 '무엇', '무슨'이라는 뜻의 의문대사입니다. 단독으로 쓰일 때는 '무엇'이라는 뜻으로, 뒤에 명사가 오면 그 명사를 꾸며 '무슨', '어떤'이라는 뜻으로 쓰입니다.

A 你喝什么? 당신은 무엇을 마셔요?
　Nǐ hē shénme?

B 我喝啤酒。 나는 맥주를 마셔요.
　Wǒ hē píjiǔ.

你喝什么酒? 당신은 무슨 술을 마셔요?
Nǐ hē shénme jiǔ?

TIP 의문대사를 사용한 의문문은 문장 끝에 의문의 어기조사 吗를 붙이지 않습니다.

> ♦ 제시된 단어를 배열하여 문장을 만드세요.
>
> 확인체크
>
> ❶ 书 / 她 / 什么 / 看　　➡ _____
>
> ❷ 什么 / 买 / 你　　➡ _____

3 怎么样

우리말의 '어떠하다'에 해당하는 의문대사입니다. 어떤 상황이나 상대방의 의견에 대해 물을 때 사용합니다.

A 这个怎么样? 이건 어때요?
　Zhège zěnmeyàng?

B 这个很好。 이건 좋아요.
　Zhège hěn hǎo.

> ♦ 다음 보기 중 빈칸에 들어갈 알맞은 단어를 고르세요.
>
> 확인체크
>
> 보기　什么　　怎么样
>
> ❶ 你吃_____菜?　　　　　❷ 汉语书_____?

◆ 다음 문장을 따라 읽으며 중국어의 문장 구조를 익혀 보세요.

1 你买什么?
Nǐ mǎi shénme?

당신은 무엇을 사요?

我买蛋糕。
Wǒ mǎi dàngāo.

나는 케이크를 사요.

他写什么?
Tā xiě shénme?

그는 무엇을 쓰나요?

他写汉字。
Tā xiě Hànzì.

그는 한자를 써요.

2 妈妈做菜吗?
Māma zuò cài ma?

엄마는 요리를 하나요?

妈妈做菜。
Māma zuò cài.

엄마는 요리를 해요.

爸爸看电视吗?
Bàba kàn diànshì ma?

아빠는 TV를 보나요?

爸爸不看电视。
Bàba bú kàn diànshì.

아빠는 TV를 보지 않아요.

3 姐姐吃饭吗?
Jiějie chī fàn ma?

누나(언니)는 밥을 먹나요?

姐姐吃饭。
Jiějie chī fàn.

누나(언니)는 밥을 먹어요.

哥哥喝茶吗?
Gēge hē chá ma?

형(오빠)는 차를 마시나요?

哥哥不喝茶。
Gēge bù hē chá.

형(오빠)는 차를 마시지 않아요.

단어 写 xiě 동 쓰다 | 汉字 Hànzì 명 한자 | 做菜 zuò cài 요리를 하다 | 茶 chá 명 차[음료]

 그림 보고 **말하기**

♦ 다음 그림을 보고 **보기**와 같이 문장을 만들어 보세요.

보기

他说 <u>韩(国)语</u>，老师说 <u>汉语</u>。
Tā shuō Hán(guó)yǔ, lǎoshī shuō Hànyǔ.
그는 한국어로 말하고, 선생님은 중국어로 말합니다.

1

A 他们吃什么?
　Tāmen chī shénme?

B 妹妹吃＿＿＿＿＿，弟弟吃＿＿＿＿＿。
　Mèimei chī　　　　　dìdi chī

2

A 他们喝什么?
　Tāmen hē shénme?

B 爷爷喝＿＿＿＿＿，奶奶喝＿＿＿＿＿。
　Yéye hē　　　　　nǎinai hē

3

A 他们买什么?
　Tāmen mǎi shénme?

B 姐姐买＿＿＿＿＿，哥哥买＿＿＿＿＿。
　Jiějie mǎi　　　　　gēge mǎi

4

A 他们看什么?
　Tāmen kàn shénme?

B 爸爸看＿＿＿＿＿，妈妈看＿＿＿＿＿。
　Bàba kàn　　　　　māma kàn

단어 说 shuō 图 말하다 ｜ 韩(国)语 Hán(guó)yǔ 명 한국어

연습 문제

Track11-05

1 녹음을 들으며 l와 r 발음을 연습해 보세요.

le — re	lan — ran
lang — rang	leng — reng
long — rong	lou — rou

Track11-06

2 녹음을 듣고 다음 문장의 한어병음을 써보세요.

❶ 妈妈做菜，爸爸吃饭。　　➡ _____

❷ 汉语怎么样?　　➡ _____

Track11-07

3 녹음을 듣고 보기 의 단어를 이용하여 대화를 완성하세요.

보기	牛奶	不	蛋糕	什么
	niúnǎi	bù	dàngāo	shénme

A 你吃_____?
　Nǐ chī

B 我吃_____。
　Wǒ chī

A 你喝茶吗?
　Nǐ hē chá ma?

B 我_____喝茶，我喝_____。
　Wǒ　　　　 hē chá,　wǒ hē

4 다음 문장을 중국어로 써보세요.

❶ 당신들은 무엇을 삽니까?

➡ _____

❷ 우리는 모두 한자를 씁니다.

➡ _____

❸ 그는 TV를 보지 않습니다.

➡ _____

5 본문의 회화를 참고하여, 다음 대화를 완성하세요.

你 _____?
Nǐ _____?

我学汉语。
Wǒ xué Hànyǔ.

汉语_____?
Hànyǔ _____?

_____。
_____.

중국의 대학 생활은 달라요

중국은 우리와 마찬가지로 초등학교 6년, 중학교 3년, 고등학교 3년, 대학교 4년의 교육 과정을 기본 학제로 선택하고 있어요. 우리와 기본 학제는 같지만 다른 점도 많아요. 우리는 3월에 새 학기가 시작되지만 중국은 9월에 새 학기가 시작되어 다음 해 7월에 끝나요. 그래서 무더운 여름에 대학 입시(高考 gāokǎo)를 치러야 하죠. 그리고 우리나라 대학에서는 각자 학과 수업을 자유롭게 신청하지만, 중국은 같은 학과 안에서 여러 반으로 나뉘어져 있어서 반별로 시간표가 배정돼요. 중국에서는 낮잠(午睡 wǔshuì) 문화가 보편적이어서 12시부터 2시 사이에는 수업이 없어요. 또 캠퍼스에서 군복을 입은 학생들을 쉽게 볼 수 있는데, 중국에서는 군사 훈련이 필수 과목이라고 해요.

◆ 학교 관련 단어

홍링진을
두른 학생들

중국의 베이징 대학

* 초등학생들은 목에 红领巾(hónglǐngjīn)
  이라고 하는 붉은색 스카프를 꼭 매야 해요.
* 中学는 중학교(初级中学)와 고등학교(高
  级中学)를 아울러 이르는 말이에요.

小学 xiǎoxué 초등학교	小学生 xiǎoxuéshēng 초등학생
初级中学 chūjí zhōngxué 중학교	初中生 chūzhōngshēng 중학생
高级中学 gāojí zhōngxué 고등학교	高中生 gāozhōngshēng 고등학생
大学 dàxué 대학	大学生 dàxuéshēng 대학생
研究生院 yánjiūshēngyuàn 대학원	研究生 yánjiūshēng 대학원생

她是谁?

Tā shì shéi?

그녀는 누구예요?

트레이닝 듣기

Track 12과

학습 포인트

▶ **표현** 대상 묻고 답하기

▶ **어법** 是자문 | 조사 的 | 谁

她是谁❶？
Tā shì shéi?

她是我朋友。
Tā shì wǒ péngyou.

她是不是你的女朋友❷？
Tā shì bu shì nǐ de nǚpéngyou?

她不是我的女朋友。
Tā bú shì wǒ de nǚpéngyou.

♦ 우리말 해석을 확인해 보세요.

누나   그녀는 누구니?

동민   그녀는 내 친구야.

누나   그녀는 너의 여자 친구니, 아니니?

동민   그녀는 내 여자 친구가 아니야.

Track12-02

□□ 是 shì 통 ~이다

□□ 谁 shéi(shuí) 대 누구

□□ 朋友 péngyou 명 친구

□□ 女朋友 nǚpéngyou 명 여자 친구

□□ 的 de 조 ~의, ~한
        [수식 관계를 나타내는 조사]

─• 플러스Tip •─

❶ 谁는 shéi와 shuí 두 가지로 발음되는데, shéi가 표준 발음이에요.

❷ 연인 관계가 아닌 여자 사람 친구는 女的朋友(nǚ de péngyou), 남자 사람 친구는 男的朋友(nán de péngyou)라고 해요.

1 是자문

是는 '~이다'라는 뜻의 동사로, 是가 술어가 되는 문장을 '是자문'이라고 합니다.

긍정문　　　主어 + 是 + 목적어

我是学生。　　나는 학생이에요.
Wǒ shì xuésheng.

부정문　　　主어 + 不是 + 목적어

我不是学生。　나는 학생이 아니에요.
Wǒ bú shì xuésheng.

일반의문문　主어 + 是 + 목적어 + 吗?

你是学生吗?　당신은 학생이에요?
Nǐ shì xuésheng ma?

정반의문문　主어 + 是不是 + 목적어?

你是不是学生?　당신은 학생이에요, 아니에요?
Nǐ shì bu shì xuésheng?

확인체크

✦ 다음 문장을 바르게 고치세요.

❶ 他是不是你哥哥吗? ➡ _____

❷ 这不中国茶。　　　 ➡ _____

---

2 조사 的

① 的는 '~의', '~한'의 뜻으로 수식 관계를 나타냅니다.

我的衣服　나의 옷　　　　　我买的衣服　내가 산 옷
wǒ de yīfu　　　　　　　　wǒ mǎi de yīfu

好看的衣服 예쁜 옷
hǎokàn de yīfu

② '내 친구', '우리 엄마'처럼 인칭대사가 친족 명칭이나 친구 관계, 소속 기관 또는 단체 등을 수식할 경우에는 的를 생략할 수 있습니다.

我(的)妈妈 우리 엄마
wǒ (de) māma

我(的)家 우리 집
wǒ (de) jiā

我们(的)学校 우리 학교
wǒmen (de) xuéxiào

🎓 확인체크	✦ 다음 문장을 중국어로 써보세요.
	❶ 이건 내가 본 영화(电影)예요. ⇒ _____
	❷ 그는 내 친구예요. ⇒ _____

3 谁

우리말의 '누구'에 해당하는 의문대사로 사람에 대해 물을 때 씁니다. 문장 끝에 의문의 어기조사 吗를 쓰지 않습니다. 대답할 때는 谁 자리에 사람을 나타내는 표현을 쓰면 됩니다.

A 他是谁? 그는 누구예요?
　Tā shì shéi?

B 他是老师。 그는 선생님이에요.
　Tā shì lǎoshī.

他是谁的老师? 그는 누구의 선생님이에요?
Tā shì shéi de lǎoshī?

🎓 확인체크	✦ 谁를 사용하여 다음 대답에 알맞은 질문을 쓰세요.
	❶ A _____ ? ❷ A _____ ?
	B 那是哥哥的手机。 B 这是我买的水果。

단어 中国 Zhōngguó 고유 중국 | 家 jiā 명 집 | 电影 diànyǐng 명 영화

♦ 다음 문장을 따라 읽으며 중국어의 문장 구조를 익혀 보세요.

1 你是谁?
Nǐ shì shéi?

당신은 누구예요?

我是老师。
Wǒ shì lǎoshī.

나는 선생님이에요.

他们是谁?
Tāmen shì shéi?

그들은 누구예요?

他们都是学生。
Tāmen dōu shì xuésheng.

그들은 모두 학생이에요.

2 他是谁?
Tā shì shéi?

그는 누구예요?

他是我的弟弟。
Tā shì wǒ de dìdi.

그는 내 남동생이에요.

她是谁?
Tā shì shéi?

그녀는 누구예요?

她是我的同学。
Tā shì wǒ de tóngxué.

그녀는 내 학교 친구예요.

3 爸爸是医生吗?
Bàba shì yīshēng ma?

아빠는 의사예요?

爸爸是医生。
Bàba shì yīshēng.

아빠는 의사예요.

妈妈也是医生吗?
Māma yě shì yīshēng ma?

엄마도 의사예요?

妈妈不是医生,是护士。
Māma bú shì yīshēng, shì hùshi.

엄마는 의사가 아니라 간호사예요.

단어 同学 tóngxué 명 학우, 학교 친구 | 医生 yīshēng 명 의사 | 护士 hùshi 명 간호사

♦ 다음 그림을 보고 **보기** 와 같이 문장을 만들어 보세요.

보기

东民的姐姐是 <u>老师</u> 。
Dōngmín de jiějie shì lǎoshī.
동민의 누나는 선생님입니다.

---

1 东民的妈妈是＿＿＿＿＿＿＿＿。
Dōngmín de māma shì

2 东民的爷爷是＿＿＿＿＿＿＿＿。
Dōngmín de yéye shì

보기

A 她是谁的中国朋友？
Tā shì shéi de Zhōngguó péngyou?
그녀는 누구의 중국 친구예요?

B <u>她是东民的中国朋友</u> 。
Tā shì Dōngmín de Zhōngguó péngyou.
그녀는 동민의 중국 친구예요.

3

A 他是谁的老师？
Tā shì shéi de lǎoshī?

B ＿＿＿＿＿＿＿＿＿＿＿。

4

A 她是谁的女朋友？
Tā shì shéi de nǚpéngyou?

B ＿＿＿＿＿＿＿＿＿＿＿。

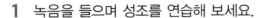

1 녹음을 들으며 성조를 연습해 보세요.

Track12-05

제1성 + 제1성	kāfēi	gōngsī
제1성 + 제2성	jiā yóu	huānyíng
제1성 + 제3성	qiānbǐ	tīngxiě
제1성 + 제4성	shāngdiàn	jīdàn
제1성 + 경성	māma	dōngxi

2 녹음을 듣고 다음 문장의 한어병음을 써보세요.

Track12-06

❶ 他们是谁?　　　　　➡ _____

❷ 他不是我的同学。　　➡ _____

3 녹음을 듣고 **보기**의 단어를 이용하여 대화를 완성하세요.

Track12-07

보기	我的	你的	谁	老师	护士
	wǒ de	nǐ de	shéi	lǎoshī	hùshi

A　她是_____?
　　Tā shì

B　她是_____姐姐。
　　Tā shì　　　　　jiějie.

A　_____姐姐是_____吗?
　　　　　　jiějie shì　　　　　ma?

B　不是,她是_____。
　　Bú shì, tā shì

4 다음 문장을 중국어로 써보세요.

① 그녀는 누구의 선생님입니까?

➡ _____

② 우리 엄마는 의사입니다.

➡ _____

③ 그는 당신의 친구입니까, 아닙니까?

➡ _____

5 본문의 회화를 참고하여, 다음 대화를 완성하세요.

她是＿＿＿？
Tā shì ＿＿＿ ?

她是＿＿＿＿＿＿。
Tā shì ＿＿＿＿＿＿.

她是不是＿＿＿＿＿？
Tā shì bu shì ＿＿＿＿＿ ?

她不是＿＿＿＿＿＿。
Tā bú shì ＿＿＿＿＿＿.

게임으로 즐기는 중국어 잰말놀이(2)

Track12-08

◆ 다음을 빠르게 읽으며 중국어 발음을 연습해 보세요.

吃葡萄不吐葡萄皮儿，
Chī pútao bù tǔ pútao pír,

不吃葡萄倒吐葡萄皮儿。
bù chī pútao dào tǔ pútao pír.

大兔子，大肚子，大肚子的大兔子，
Dà tùzi,　　dà dùzi,　　dà dùzi de dà tùzi,

要咬大兔子的大肚子。
yào yǎo dà tùzi de dà dùzi.

포도를 먹었는데 포도 껍질을 안 뱉고,
포도를 안 먹었는데 오히려 포도 껍질을 뱉네.

큰 토끼, 큰 배, 큰 배를 가진 큰 토끼가
큰 토끼의 큰 배를 물려고 하네.

咖啡店在哪儿?

Kāfēidiàn zài nǎr?

카페는 어디에 있나요?

트레이닝 듣기

Track 13과

학습 포인트

▶ **표현** 장소 묻고 답하기
▶ **어법** 동사 在 | 哪儿 | 这儿과 那儿

 你去哪儿?
Nǐ qù nǎr?

 我去咖啡店。
Wǒ qù kāfēidiàn.

 咖啡店在哪儿?
Kāfēidiàn zài nǎr?

 就在那儿。
Jiù zài nàr.

♦ 우리말 해석을 확인해 보세요.

샤오잉   너는 어디 가니?

동민   나는 카페에 가.

샤오잉   카페는 어디 있어?

동민   바로 저기 있어.

Track13-02

□□ 咖啡店 kāfēidiàn 명 카페, 커피숍

□□ 在 zài 동 ~에 있다

□□ 就 jiù 부 바로

□□ 哪儿 nǎr 대 어디, 어느 곳

□□ 这儿 zhèr 대 여기, 이곳

□□ 那儿 nàr 대 거기, 저기, 그곳, 저곳

1 동사 在

在는 '~에 있다'라는 뜻으로 특정한 사물이나 사람이 어디에 있는지를 나타낼 때 사용합니다.

我们在中国。　　우리는 중국에 있어요.
Wǒmen zài Zhōngguó.

他不在家。　　그는 집에 없어요.
Tā bú zài jiā.

> **TIP** '(장소에) 없다'라고 말할 때는 不在를 씁니다. 우리말을 직역하여 没有라고 쓰지 않도록 주의하세요.

2 哪儿

哪儿은 우리말의 '어디', '어느 곳'에 해당하는 의문대사로 장소를 물을 때 사용합니다.

A 你去哪儿?　　당신은 어디에 가요?
　 Nǐ qù nǎr?

B 我去公司。　　나는 회사에 가요.
　 Wǒ qù gōngsī.

A 你家在哪儿?　　당신 집은 어디에 있어요?
　 Nǐ jiā zài nǎr?

B 我家在首尔。　　우리 집은 서울에 있어요.
　 Wǒ jiā zài Shǒu'ěr.

> **TIP** a, o, e로 시작하는 음절이 다른 음절의 뒤에 올 때, 음절 간의 경계를 분명히 구분하기 위해 격음부호[']를 사용합니다.
> 예 天安门 Tiān'ān Mén 톈안먼, 천안문　　首尔 Shǒu'ěr 서울

◆ 여러 가지 의문사

누구	무엇, 무슨	어디	어느 것
谁 shéi(shuí)	什么 shénme	哪儿 nǎr	哪个 nǎge

✦ 그림을 보고 다음 질문에 대답해 보세요.

❶

A 他们在不在学校?

B _____。

❷

A 他在哪儿?

B _____。

3 这儿과 那儿

这儿은 '이곳', 那儿은 '저곳'의 뜻으로 장소를 나타내는 지시대사입니다.

구분	근칭	중칭·원칭	의문칭
사람/사물	这 zhè 이(것)	那 nà 그(것), 저(것)	哪 nǎ 어느
	这个 zhège 이것	那个 nàge 그것, 저것	哪个 nǎge 어느 것
장소	这儿 zhèr 여기, 이곳	那儿 nàr 거기, 저기, 그곳, 저곳	哪儿 nǎr 어디

我的书在这儿。 내 책은 여기 있어요.
Wǒ de shū zài zhèr.

他在那儿。　　 그는 저기 있어요.
Tā zài nàr.

TIP 这儿은 这里(zhèli), 那儿은 那里(nàli), 哪儿은 哪里(nǎli)와 같습니다.

확인체크

✦ 다음 **보기** 중 빈칸에 들어갈 알맞은 단어를 고르세요.

보기　那儿　　哪个　　哪儿

❶ 你买_____?

❷ 你的学校在_____?

❸ 他的衣服在_____。

단어 首尔 Shǒu'ěr 고유 서울

◆ 다음 문장을 따라 읽으며 중국어의 문장 구조를 익혀 보세요.

1 你去哪儿?
Nǐ qù nǎr?

当신은 어디 가요?

我去图书馆。
Wǒ qù túshūguǎn.

나는 도서관에 가요.

他也去图书馆吗?
Tā yě qù túshūguǎn ma?

그도 도서관에 가요?

他不去图书馆，他去网吧。
Tā bú qù túshūguǎn, tā qù wǎngbā.

그는 도서관에 가지 않고, 그는 PC방에 가요.

2 我的袜子在哪儿?
Wǒ de wàzi zài nǎr?

내 양말은 어디 있어요?

你的袜子在这儿。
Nǐ de wàzi zài zhèr.

당신 양말은 여기 있어요.

我的鞋在哪儿?
Wǒ de xié zài nǎr?

내 신발은 어디 있어요?

鞋在那儿。
Xié zài nàr.

신발은 저기 있어요.

3 你家在哪儿?
Nǐ jiā zài nǎr?

당신 집은 어디 있어요?

我家在首尔。
Wǒ jiā zài Shǒu'ěr.

우리 집은 서울에 있어요.

你们学校也在首尔吗?
Nǐmen xuéxiào yě zài Shǒu'ěr ma?

당신 학교도 서울에 있어요?

我们学校不在首尔，在釜山。
Wǒmen xuéxiào bú zài Shǒu'ěr, zài Fǔshān.

우리 학교는 서울에 없고, 부산에 있어요.

단어 网吧 wǎngbā 몡 PC방 ㅣ 鞋 xié 몡 신발 ㅣ 釜山 Fǔshān 고유 부산

♦ 다음 그림을 보고 **보기**와 같이 문장을 만들어 보세요.

보기

东民的家人都去哪儿? 동민의 가족들은 모두 어디 가나요?
Dōngmín de jiārén dōu qù nǎr?

东民去 <u>学校</u> 。 동민은 학교에 갑니다.
Dōngmín qù xuéxiào.

1 爸爸去＿＿＿＿＿＿＿＿＿＿＿。
Bàba qù

2 妈妈去＿＿＿＿＿＿＿＿＿＿＿。
Māma qù

3 爷爷、奶奶去＿＿＿＿＿＿＿。
Yéye、nǎinai qù

4 哥哥去＿＿＿＿＿＿＿＿＿＿＿。
Gēge qù

5 妹妹去＿＿＿＿＿＿＿＿＿＿＿。
Mèimei qù

6 弟弟去＿＿＿＿＿＿＿＿＿＿＿。
Dìdi qù

단어 家人 jiārén 명 한 가족 ｜ 书店 shūdiàn 명 서점 ｜
麦当劳 Màidāngláo 고유 맥도날드 ｜ 星巴克 Xīngbākè 고유 스타벅스

연습 문제

1 녹음을 들으며 성조를 연습해 보세요.

Track13-05

제2성 + 제1성	míngtiān	fángjiān
제2성 + 제2성	yínháng	tóngxué
제2성 + 제3성	niúnǎi	píjiǔ
제2성 + 제4성	xuéxiào	yóupiào
제2성 + 경성	yéye	péngyou

2 녹음을 듣고 다음 문장의 한어병음을 써보세요.

Track13-06

❶ 我们学校在首尔。 ➡ _____

❷ 我不去书店，我去咖啡店。 ➡ _____

3 녹음을 듣고 내용과 일치하는 것을 고르세요.

Track13-07

❶ 弟弟去哪儿?
Dìdi qù nǎr?

　A 网吧　　　　　　　　B 学校
　　wǎngbā　　　　　　　　xuéxiào

❷ 谁去图书馆?
Shéi qù túshūguǎn?

　A 我　　　　　　　　　B 哥哥
　　wǒ　　　　　　　　　　gēge

❸ 我家在哪儿?
Wǒ jiā zài nǎr?

　A 首尔　　　　　　　　B 釜山
　　Shǒu'ěr　　　　　　　　Fǔshān

4 다음 문장을 중국어로 써보세요.

❶ 당신들은 도서관에 갑니까?

➡ _____

❷ 나의 책가방은 어디에 있습니까?

➡ _____

❸ 당신 신발은 저쪽에 있습니다.

➡ _____

5 본문의 회화를 참고하여, 다음 대화를 완성하세요.

_____ ?
_____ ?

我去咖啡店。
Wǒ qù kāfēidiàn.

_____ ?
_____ ?

就在那儿。
Jiù zài nàr.

중국 문화

커피를 즐기는 한국, 차를 즐기는 중국

우리는 커피를 즐겨 마시지만 중국 사람들은 차를 우려 마실 수 있는 병을 가지고 다닐 만큼 차를 즐겨요. 중국에는 보이차(普洱茶 pǔ'ěrchá), 재스민차(茉莉花茶 mòlihuāchá), 우롱차(乌龙茶 wūlóngchá) 등 독특한 맛과 향을 가진 200여 종이 넘는 명차(名茶)가 있죠. 최근에는 중국에서 밀크티(奶茶 nǎichá)의 인기가 높아지고 있고 커피를 즐기는 사람들도 늘어나 커피 소비량뿐 아니라 카페 수도 엄청난 속도로 증가하고 있어요. 상하이에는 8,000여 개의 카페가 있고, 850평 규모의 스타벅스 리저브 매장도 있죠.

◆ 음료 관련 단어

중국의 보이차

상하이의 스타벅스

冰 bīng 아이스	热 rè 핫
美式咖啡 měishì kāfēi 아메리카노	拿铁 nátiě 라테
小杯 xiǎobēi 스몰 사이즈	中杯 zhōngbēi 톨 사이즈
大杯 dàbēi 그란떼 사이즈	超大杯 chāodàbēi 벤티 사이즈

现在几点?

Xiànzài jǐ diǎn?

지금 몇 시예요?

트레이닝 듣기

Track 14과

학습 포인트

▶ **표현** 시간 묻고 답하기

▶ **어법** 명사술어문 | 숫자 읽기 | 시간 표현법

Track14-01

现在几❶点?
Xiànzài jǐ diǎn?

现在三点。
Xiànzài sān diǎn.

你几点下课❷?
Nǐ jǐ diǎn xià kè?

我五点半❸下课。
Wǒ wǔ diǎn bàn xià kè.

♦ 우리말 해석을 확인해 보세요.

샤오잉   지금 몇 시야?

동민   지금 3시야.

샤오잉   너는 몇 시에 수업이 끝나?

동민   나는 5시 반에 수업이 끝나.

Track14-02

□□ 现在 xiànzài 뗑 지금, 현재   □□ 上课 shàng kè 동 수업하다

□□ 几 jǐ 때 몇[10 미만의 수를 물을 때 쓰임] □□ 下课 xià kè 동 수업을 마치다, 수업이 끝나다

□□ 点 diǎn 양 (시각의) 시   □□ 半 bàn 주 반, 절반

─• 플러스Tip •─────────────────────────

❶ 几(jǐ)는 '몇'이라는 뜻으로, 보통 10 미만의 적은 수량을 물을 때 사용해요.

❷ 上课(shàng kè)는 '수업하다', 下课(xià kè)는 '수업이 끝나다'라는 뜻이고, 上班(shàng bān)
은 '출근하다', 下班(xià bān)은 '퇴근하다'라는 뜻이에요.

❸ 半(bàn)은 '절반'이라는 뜻으로, 여기서는 '30분'을 나타내요.

1 명사술어문

명사 또는 명사구가 술어의 주요 성분인 문장을 '명사술어문'이라고 합니다. 주로 날짜, 요일, 시간, 가격 등을 나타낼 때 쓰이는데, 긍정문에서는 是를 생략할 수 있지만, 부정문에서는 不와 명사 술어 사이에 반드시 是를 써야 합니다.

现在(是)八点。 지금은 8시예요.
Xiànzài (shì) bā diǎn.

现在不是八点。 지금은 8시가 아니에요.
Xiànzài bú shì bā diǎn.

2 숫자 읽기

① 중국어의 숫자는 다음과 같이 손가락으로 세어 나타낼 수 있습니다.

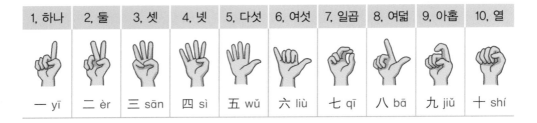

1, 하나	2, 둘	3, 셋	4, 넷	5, 다섯	6, 여섯	7, 일곱	8, 여덟	9, 아홉	10, 열
一 yī	二 èr	三 sān	四 sì	五 wǔ	六 liù	七 qī	八 bā	九 jiǔ	十 shí

TIP 숫자 0은 零(líng)을 씁니다.

② 100 이하의 숫자는 우리말과 읽는 방법이 같습니다. 숫자 100은 백 단위를 나타내는 단어 百(bǎi) 앞에 一를 붙여 읽습니다.

11	12	20	35	99	100
十一 shíyī	十二 shí'èr	二十 èrshí	三十五 sānshíwǔ	九十九 jiǔshíjiǔ	一百 yìbǎi

확인체크 ♦ 다음 숫자를 중국어로 읽어 보세요.

❶ 14 ➡ _____

❷ 38 ➡ _____

❸ 62 ➡ _____

❹ 75 ➡ _____

3 시간 표현법

① 시간을 표현할 때 '시'는 숫자 뒤에 点(diǎn)을 써서 나타냅니다.

1시	2시	3시	4시	5시	6시
一点 yī diǎn	两点 liǎng diǎn	三点 sān diǎn	四点 sì diǎn	五点 wǔ diǎn	六点 liù diǎn
7시	**8시**	**9시**	**10시**	**11시**	**12시**
七点 qī diǎn	八点 bā diǎn	九点 jiǔ diǎn	十点 shí diǎn	十一点 shíyī diǎn	十二点 shí'èr diǎn

TIP '2시'는 两点으로 읽습니다.

② '분'은 숫자 뒤에 分(fēn)을 써서 나타냅니다.

5분	15분	30분	45분	55분
(零)五分 (líng) wǔ fēn	十五分 shíwǔ fēn (=一刻 yí kè)	三十分 sānshí fēn (=半 bàn)	四十五分 sìshíwǔ fēn (=三刻 sān kè)	五十五分 wǔshíwǔ fēn

TIP ① 우리말에서 '30분'을 '반'이라고 하는 것처럼 중국어에서도 三十分을 半이라고 합니다.
② '15분'은 一刻, '45분'은 三刻로 씁니다. 그러나 '30분'은 两刻라고 하지 않습니다.

③ '○시 ○분 전'이라는 표현은 '모자라다', '부족하다'라는 뜻의 差(chà)를 써서 나타냅니다.

差五分两点 2시 5분 전
chà wǔ fēn liǎng diǎn

差一刻九点 9시 15분 전
chà yí kè jiǔ diǎn

✦ 다음 시간을 중국어로 읽어 보세요.

확인체크

❶ _____ ❷ _____ ❸ _____

단어 零 líng ㊍ 영(0) | 百 bǎi ㊍ 백(100) | 分 fēn 양 (시간의) 분

◆ 다음 문장을 따라 읽으며 중국어의 문장 구조를 익혀 보세요.

1 现在几点?
Xiànzài jǐ diǎn?

지금 몇 시예요?

九点零五分。
Jiǔ diǎn líng wǔ fēn.

9시 5분이에요.

现在几点?
Xiànzài jǐ diǎn?

지금 몇 시예요?

四点一刻。
Sì diǎn yí kè.

4시 15분이에요.

---

2 你几点上课[上班]?
Nǐ jǐ diǎn shàng kè [shàng bān]?

당신은 몇 시에 수업해요[출근해요]?

我八点半上课[上班]。
Wǒ bā diǎn bàn shàng kè [shàng bān].

나는 8시 반에 수업해요[출근해요].

你几点下课[下班]?
Nǐ jǐ diǎn xià kè [xià bān]?

당신은 몇 시에 수업이 끝나요[퇴근해요]?

我六点下课[下班]。
Wǒ liù diǎn xià kè [xià bān].

나는 6시에 수업이 끝나요[퇴근해요].

---

3 你几点起床?
Nǐ jǐ diǎn qǐ chuáng?

당신은 몇 시에 일어나요?

我七点起床。
Wǒ qī diǎn qǐ chuáng.

나는 7시에 일어나요.

你几点睡觉?
Nǐ jǐ diǎn shuì jiào?

당신은 몇 시에 자요?

我十一点睡觉。
Wǒ shíyī diǎn shuì jiào.

나는 11시에 자요.

단어 上班 shàng bān 图 출근하다 │ 下班 xià bān 图 퇴근하다 │
起床 qǐ chuáng 图 일어나다, 기상하다 │ 睡觉 shuì jiào 图 잠자다

♦ 다음 그림을 보고 **보기**와 같이 문장을 만들어 보세요.

보기

동민의 하루	아빠의 하루
기상	아빠 기상
아침 식사	학원에 가다
수업	출근
점심 식사	커피를 마시다
수업 종료	퇴근
맥도날드에 가다	TV 시청
컴퓨터를 하다	취침

他 _七点_ 起床。
Tā qī diǎn qǐ chuáng.
그는 7시에 일어납니다.

爸爸 _六点零五分_ 起床。
Bàba liù diǎn líng wǔ fēn qǐ chuáng.
아빠는 6시 5분에 일어납니다.

---

1 他_____吃早饭。
Tā　　　　　chī zǎofàn.

1 爸爸_____去补习班。
Bàba　　　　　qù bǔxíbān.

2 他_____上课。
Tā　　　　　shàng kè.

2 爸爸_____上班。
Bàba　　　　　shàng bān.

3 他_____吃午饭。
Tā　　　　　chī wǔfàn.

3 爸爸_____喝咖啡。
Bàba　　　　　hē kāfēi.

4 他_____下课。
Tā　　　　　xià kè.

4 爸爸_____下班。
Bàba　　　　　xià bān.

5 他_____去麦当劳。
Tā　　　　　qù Màidāngláo.

5 爸爸_____看电视。
Bàba　　　　　kàn diànshì.

6 他_____玩儿电脑。
Tā　　　　　wánr diànnǎo.

6 爸爸_____睡觉。
Bàba　　　　　shuì jiào.

단어 早饭 zǎofàn 몡 아침(밥) ｜ 午饭 wǔfàn 몡 점심(밥) ｜
玩儿电脑 wánr diànnǎo 컴퓨터를 하다 ｜ 补习班 bǔxíbān 몡 학원

1 녹음을 들으며 성조를 연습해 보세요.

제3성 + 제1성	Běijīng	měi tiān
제3성 + 제2성	Měiguó	jiǎnchá
제3성 + 제3성	shuǐguǒ	yǔfǎ
제3성 + 제4성	kělè	bǐsài
제3성 + 경성	nǎinai	yǎnjing

2 녹음을 듣고 다음 문장의 한어병음을 써보세요.

❶ 我八点起床，八点半吃早饭。 ➡ _____

❷ 爸爸九点上班，七点下班。 ➡ _____

3 다음 시간을 보고 중국어로 써보세요.

❶

_____

❷

_____

❸

_____

❹

_____

4 다음 문장을 중국어로 써보세요.

❶ 지금 몇 시입니까?

➡ _____

❷ 당신은 몇 시에 학교에 갑니까?

➡ _____

❸ 나는 12시에 밥을 먹습니다.

➡ _____

5 본문의 회화를 참고하여, 다음 대화를 완성하세요.

現在_____?
Xiànzài _____?

現在_____。
Xiànzài _____.

你几点_____?
Nǐ jǐ diǎn _____?

我_____。
Wǒ _____.

Track14-07

起床
qǐ chuáng
일어나다, 기상하다

洗澡
xǐ zǎo
목욕하다, 샤워하다

刷牙
shuā yá
양치하다, 이를 닦다

穿衣服
chuān yīfu
옷을 입다

吃午饭
chī wǔfàn
점심을 먹다

睡觉
shuì jiào
잠자다

这儿有什么?

Zhèr yǒu shénme?

여기에는 무엇이 있나요?

트레이닝 듣기

Track15과

학습 포인트

▶ **표현** 주문 관련 표현 익히기(1)

▶ **어법** 有자문 | 和

Track15-01

这儿有热狗吗?

Zhèr yǒu règǒu ma?

对不起❶, 这儿没有热狗。

Duìbuqǐ, zhèr méiyǒu règǒu.

这儿有什么?

Zhèr yǒu shénme?

有汉堡包和三明治。

Yǒu hànbǎobāo hé sānmíngzhì.

♦ 우리말 해석을 확인해 보세요.

동민　　　여기에 핫도그가 있어요?

종업원　　죄송합니다만, 여기에 핫도그는 없어요.

동민　　　여기에는 무엇이 있나요?

종업원　　햄버거와 샌드위치가 있어요.

Track15-02

□□ 有 yǒu 통 있다, 가지고 있다

□□ 热狗 règǒu 명 핫도그

□□ 汉堡包 hànbǎobāo 명 햄버거

□□ 三明治 sānmíngzhì 명 샌드위치

□□ 对不起 duìbuqǐ 통 죄송합니다, 미안합니다

□□ 和 hé 접 ~와/과

• 플러스Tip •
❶ 미안함을 나타내는 표현으로는 对不起(duìbuqǐ), 不好意思(bù hǎoyìsi) 등이 있는데, 对不起
　가 不好意思보다 무거운 느낌을 줘요. 대답할 때는 没关系(méi guānxi), 没事儿(méi shìr)이
　라고 해요.

1 有자문

有가 술어로 쓰인 문장을 '有자문'이라고 합니다. 有는 '~이 있다', '~을 가지고 있다'는 뜻의 동사로 소유나 존재의 의미를 나타냅니다. 有의 부정형은 '~이 없다'라는 뜻의 没有를 씁니다.

긍정문   　주어 + 有 + 목적어

我有铅笔。　　　　　나는 연필이 있어요.
Wǒ yǒu qiānbǐ.

这儿有中国茶。　　　여기에 중국차가 있어요.
Zhèr yǒu Zhōngguó chá.

부정문   　주어 + 没有 + 목적어

我没有铅笔。　　　　나는 연필이 없어요.
Wǒ méiyǒu qiānbǐ.

这儿没有中国茶。　　여기에 중국차가 없어요.
Zhèr méiyǒu Zhōngguó chá.

일반의문문   　주어 + 有 + 목적어 + 吗?

你有铅笔吗?　　　　당신은 연필이 있어요?
Nǐ yǒu qiānbǐ ma?

这儿有中国茶吗?　　여기에 중국차가 있어요?
Zhèr yǒu Zhōngguó chá ma?

정반의문문   　주어 + 有没有 + 목적어?

你有没有铅笔?　　　당신은 연필이 있어요, 없어요?
Nǐ yǒu méiyǒu qiānbǐ?

这儿有没有中国茶?　여기에 중국차가 있어요, 없어요?
Zhèr yǒu méiyǒu Zhōngguó chá?

확인체크

◆ 그림을 보고 다음 질문에 대답해 보세요.

❶
A 这儿有没有wi-fi?

B _____。

❷
A 这儿有空调吗?

B _____。

2 和

和는 '~와/과'라는 뜻으로 명사, 대사 등의 병렬 관계를 나타낼 때 사용합니다. 병렬 관계에 있는 대상이 셋 이상일 때는 마지막 단어 앞에 和를 씁니다.

我和他都是学生。 나와 그는 모두 학생이에요.
Wǒ hé tā dōu shì xuésheng.

这儿有汉堡包、三明治和热狗。 이곳에는 햄버거, 샌드위치와 핫도그가 있어요.
Zhèr yǒu hànbǎobāo、sānmíngzhì hé règǒu.

TIP 문장부호 [、]는 顿号(dùnhào 모점)라고 하는데, 문장에서 병렬 관계인 단어나 구를 나열할 때 씁니다.

확인체크

◆ 다음 중 和가 들어갈 알맞은 위치를 고르세요.

❶ 我 A 她 B 都是 C 公司职员。

❷ 那儿 A 没有 B 面包 C 牛奶。

단어 铅笔 qiānbǐ 圄 연필

♦ 다음 문장을 따라 읽으며 중국어의 문장 구조를 익혀 보세요.

1 你有哥哥吗?
Nǐ yǒu gēge ma?

당신은 형(오빠)가 있어요?

我有哥哥。
Wǒ yǒu gēge.

나는 형(오빠)가 있어요.

你有没有弟弟?
Nǐ yǒu méiyǒu dìdi?

당신은 남동생이 있어요, 없어요?

我没有弟弟。
Wǒ méiyǒu dìdi.

나는 남동생이 없어요.

2 你有什么书?
Nǐ yǒu shénme shū?

당신은 무슨 책이 있어요?

我有汉语书。
Wǒ yǒu Hànyǔ shū.

나는 중국어 책이 있어요.

她有什么书?
Tā yǒu shénme shū?

그녀는 무슨 책이 있어요?

她有英语书。
Tā yǒu Yīngyǔ shū.

그녀는 영어 책이 있어요.

3 这儿有什么?
Zhèr yǒu shénme?

여기에 무엇이 있어요?

这儿有床。
Zhèr yǒu chuáng.

여기에 침대가 있어요.

那儿有什么?
Nàr yǒu shénme?

저기에 무엇이 있어요?

那儿有桌子和椅子。
Nàr yǒu zhuōzi hé yǐzi.

저기에 탁자와 의자가 있어요.

단어 英语 Yīngyǔ 몡 영어

Track15-04

◆ 다음 그림을 보고 보기 와 같이 문장을 만들어 보세요.

东民 <u>有弟弟</u> , 朋友 <u>没有弟弟</u> 。

Dōngmín yǒu dìdi, péngyou méiyǒu dìdi.

동민은 남동생이 있지만, 친구는 남동생이 없습니다.

1

奶奶＿＿＿＿＿＿＿ ,
Nǎinai

爷爷＿＿＿＿＿＿＿ 。
yéye

2

哥哥＿＿＿＿＿＿＿ ,
Gēge

姐姐＿＿＿＿＿＿＿ 。
jiějie

3

妹妹＿＿＿＿＿＿＿ ,
Mèimei

弟弟＿＿＿＿＿＿＿ 。
dìdi

4

我家＿＿＿＿＿＿＿ ,
Wǒ jiā

朋友家＿＿＿＿＿＿＿ 。
péngyou jiā

힌트 手机 shǒujī 몡 핸드폰 │ 娃娃 wáwa 몡 인형 │ 电视 diànshì 몡 텔레비전, TV

1 녹음을 들으며 성조를 연습해 보세요.

Track15-05

제4성 + 제1성	miànbāo	kètīng
제4성 + 제2성	dàxué	fùxí
제4성 + 제3성	Shànghǎi	xiàwǔ
제4성 + 제4성	zàijiàn	kàn bìng
제4성 + 경성	bàba	jìngzi

2 녹음을 듣고 다음 문장의 한어병음을 써보세요.

Track15-06

❶ 你家有没有电脑? ➡ _____

❷ 这儿有桌子和椅子。 ➡ _____

3 녹음을 듣고 내용과 일치하는 것을 고르세요.

Track15-07

❶ 谁有姐姐?
Shéi yǒu jiějie?

   A 我　　　　　　　　B 我的朋友
    wǒ　　　　　　　　　wǒ de péngyou

❷ 这儿有什么?
Zhèr yǒu shénme?

   A 热狗　　　　　B 汉堡包　　　　　C 三明治
    règǒu　　　　　　hànbǎobāo　　　　　sānmíngzhì

❸ 我有什么?
Wǒ yǒu shénme?

   A 汉语书　　　　　B 英语书
    Hànyǔ shū　　　　Yīngyǔ shū

4 다음 문장을 중국어로 써보세요.

① 당신은 중국 친구가 있습니까, 없습니까?

➡ _____

② 이곳에는 햄버거가 있습니까?

➡ _____

③ 저기에는 에어컨과 TV가 없습니다.

➡ _____

5 본문의 회화를 참고하여, 다음 대화를 완성하세요.

여기에는 무엇이 있나요?

这儿_____?
Zhèr _____?

_____, 这儿没有热狗。
_____, zhèr méiyǒu règǒu.

这儿_____?
Zhèr _____?

有汉堡包_____三明治。
Yǒu hànbǎobāo _____ sānmíngzhì.

패스트푸드점에서 아침을 즐겨요

중국인들은 아침에 무엇을 먹을까요? 중국인들은 아침을 거르지 않고 챙겨 먹는 편이지만 집에서 음식을 해서 먹는 경우는 드물고 대부분 밖에서 아침을 해결해요. 대표적인 아침 식사로는 유탸오(油条 yóutiáo)와 더우장(豆浆 dòujiāng)이 있어요. 유탸오는 우리나라의 꽈배기처럼 길다란 밀가루 반죽을 기름에 튀긴 것이고, 더우장은 조금 묽지만 우리나라의 두유와 비슷한데, 유탸오를 더우장에 적셔서 먹죠. 중국의 패스트푸드점에서는 아침 메뉴로 유탸오와 더우장은 물론이고 죽도 판매해요. 패스트푸드점에서는 키오스크로 주문할 수 있는데, 대부분의 키오스크는 모바일 결제 전용이에요. 참, 중국의 패스트푸드점에서는 식사가 끝난 테이블은 직원이 정리해요.

◆ **아침 메뉴**

油条
yóutiáo
유탸오

豆浆
dòujiāng
더우장

粥
zhōu
죽

包子
bāozi
왕만두

煎饼
jiānbing
젠빙

馄饨
húntun
훈툰

给我们两杯可乐。

Gěi wǒmen liǎng bēi kělè.

우리에게 콜라 두 잔 주세요.

트레이닝 듣기

Track16과

학습 포인트

- ▶ **표현** 주문 관련 표현 익히기(2)
- ▶ **어법** 양사 | 이중목적어

Track16-01

我们要两个^❶汉堡包。
Wǒmen yào liǎng ge hànbǎobāo.

你们喝什么?
Nǐmen hē shénme?

给我们两杯可乐。
Gěi wǒmen liǎng bēi kělè.

好,请^❷等一下^❸。
Hǎo, qǐng děng yíxià.

♦ 우리말 해석을 확인해 보세요.

동민   햄버거 두 개 주세요.

종업원   무엇을 마시겠습니까?

동민   콜라 두 잔 주세요.

종업원   네, 잠시만 기다리세요.

Track16-02

□□ 要 yào 통 원하다, 필요하다

□□ 给 gěi 통 주다

□□ 请 qǐng 통 ~하세요, ~해 주십시오

□□ 等 děng 통 기다리다

□□ 两 liǎng 수 2, 둘

□□ 个 gè 양 개, 명

□□ 杯 bēi 양 잔, 컵

□□ 一下 yíxià 한 번, 잠시

•─ 플러스Tip ─•

❶ 个(gè)는 원래 제4성이지만 양사로 쓰일 때는 경성으로 읽어요.

❷ 请(qǐng)은 상대방에게 무엇을 하도록 부탁하거나 권할 때 쓰는 예의 바른 표현이에요.

❸ 一下(yíxià)는 동사 뒤에 놓여 '좀 ~하다'라는 뜻을 나타내요.

1 양사

우리말의 '책 한 권', '연필 두 자루', '학생 한 명'에서 '권', '자루', '명'처럼 사람이나 사물의 수를 세는 단위를 '양사'라고 합니다. 중국어에서는 물건이나 사람을 셀 때, 수사가 직접 명사와 결합할 수 없고 수사와 명사 사이에 반드시 양사를 써야 합니다.

양사	세는 물건	결합 형식
杯 bēi 잔, 컵	잔이나 컵에 담긴 것	一杯咖啡 yì bēi kāfēi 커피 한 잔
瓶 píng 병	병에 담긴 것	两瓶啤酒 liǎng píng píjiǔ 맥주 두 병
碗 wǎn 공기, 그릇	그릇에 담긴 것	三碗饭 sān wǎn fàn 밥 세 공기
支 zhī 자루	가늘고 긴 물건	四支铅笔 sì zhī qiānbǐ 연필 네 자루
本 běn 권	책 등 서적류	五本书 wǔ běn shū 책 다섯 권
件 jiàn 벌, 가지	옷이나 사건 등	六件衣服 liù jiàn yīfu 옷 여섯 벌
双 shuāng 쌍, 켤레	쌍을 이루는 것	七双鞋 qī shuāng xié 신발 일곱 켤레
个 gè 개, 명	사람이나 전용 양사가 없는 명사	八个学生 bā ge xuésheng 학생 여덟 명 九个面包 jiǔ ge miànbāo 빵 아홉 개

TIP ① 각 명사는 특정한 양사를 씁니다. 명사별로 결합하는 양사의 쓰임에 주의하세요.
② 양사 个는 사람이나 사물을 셀 때 쓰는 가장 보편적인 양사로, 전용 양사가 없는 명사에 두루 쓰입니다. 양사로 쓰일 때는 경성으로 읽습니다.
③ 二과 两은 모두 숫자 '2'를 뜻하는데, 양사 앞에서는 二을 쓰지 않고 两을 씁니다.
　　예 两个人 liǎng ge rén 두 사람　　　　两本书 liǎng běn shū 책 두 권

A 你有几个朋友? 당신은 친구가 몇 명 있어요?
　Nǐ yǒu jǐ ge péngyou?

B 我有两个朋友。 나는 친구가 두 명 있어요.
　Wǒ yǒu liǎng ge péngyou.

A 你有几本汉语书？ 당신은 중국어 책이 몇 권 있어요?
Nǐ yǒu jǐ běn Hànyǔ shū?

B 我有三本汉语书。 나는 중국어 책이 세 권 있어요.
Wǒ yǒu sān běn Hànyǔ shū.

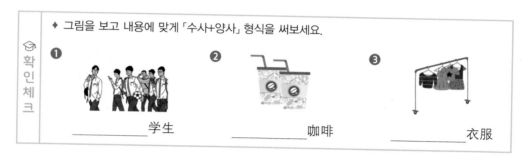

확인체크

✦ 그림을 보고 내용에 맞게 「수사+양사」 형식을 써보세요.

❶ ＿＿＿＿＿＿学生

❷ ＿＿＿＿＿＿咖啡

❸ ＿＿＿＿＿＿衣服

2 이중목적어

给(gěi), 教(jiāo), 送(sòng) 등 일부 동사는 두 개의 목적어를 가질 수 있습니다. 이때, 간접목적어는 앞에, 직접목적어는 뒤에 놓입니다.

주어 + 동사 + 간접목적어(~에게/대상) + 직접목적어(~을/사물)

我给他一本书。　　　나는 그에게 책을 한 권 줍니다.
Wǒ gěi tā yì běn shū.

我送朋友一件衣服。 나는 친구에게 옷 한 벌을 선물합니다.
Wǒ sòng péngyou yí jiàn yīfu.

확인체크

✦ 제시된 단어를 배열하여 문장을 만드세요.

❶ 一杯 / 我 / 给 / 茶　　⇒ ＿＿＿＿＿＿＿＿＿＿＿＿＿＿

❷ 教 / 老师 / 汉语 / 我们　⇒ ＿＿＿＿＿＿＿＿＿＿＿＿＿＿

단어 教 jiāo 통 가르치다 ｜ 送 sòng 통 보내다, 선물하다

◆ 다음 문장을 따라 읽으며 중국어의 문장 구조를 익혀 보세요.

1 你有几本书?
Nǐ yǒu jǐ běn shū?

당신은 몇 권의 책이 있어요?

我有一本书。
Wǒ yǒu yì běn shū.

나는 한 권의 책이 있어요.

你有几支铅笔?
Nǐ yǒu jǐ zhī qiānbǐ?

당신은 몇 자루의 연필이 있어요?

我有两支铅笔。
Wǒ yǒu liǎng zhī qiānbǐ.

나는 두 자루의 연필이 있어요.

2 你吃几碗饭?
Nǐ chī jǐ wǎn fàn?

당신은 밥을 몇 공기 먹어요?

我吃一碗饭。
Wǒ chī yì wǎn fàn.

나는 밥 한 공기를 먹어요.

你们喝几瓶啤酒?
Nǐmen hē jǐ píng píjiǔ?

당신들은 맥주를 몇 병 마셔요?

我们喝两瓶啤酒。
Wǒmen hē liǎng píng píjiǔ.

우리는 맥주 두 병을 마셔요.

3 你有几个孩子?
Nǐ yǒu jǐ ge háizi?

당신은 아이가 몇 명 있어요?

我有一个孩子。
Wǒ yǒu yí ge háizi.

나는 아이가 한 명 있어요.

你买几件衣服?
Nǐ mǎi jǐ jiàn yīfu?

당신은 옷을 몇 벌 사나요?

我买一件衣服。
Wǒ mǎi yí jiàn yīfu.

나는 옷을 한 벌 사요.

단어 孩子 háizi 명 아이

◆ 다음 그림을 보고 **보기**와 같이 문장을 만들어 보세요.

보기

A 他有几个朋友? 그는 친구가 몇 명 있어요?
　Tā yǒu jǐ ge péngyou?

B 他有五个朋友。 그는 친구가 다섯 명 있어요.
　Tā yǒu wǔ ge péngyou.

1

A 老师有几本书?
　Lǎoshī yǒu jǐ běn shū?

B ＿＿＿＿＿＿＿＿＿＿＿。

2

A 妹妹喝几杯牛奶?
　Mèimei hē jǐ bēi niúnǎi?

B ＿＿＿＿＿＿＿＿＿＿＿。

3

A 哥哥吃几碗饭?
　Gēge chī jǐ wǎn fàn?

B ＿＿＿＿＿＿＿＿＿＿＿。

4

A 妈妈买几件衣服?
　Māma mǎi jǐ jiàn yīfu?

B ＿＿＿＿＿＿＿＿＿＿＿。

Track16-05

1 녹음을 들으며 얼화(儿化)를 연습해 보세요.

huār	yíxiàr	xiǎoháir
míngpáir	yíhuìr	méi shìr
fànguǎnr	yìdiǎnr	hǎowánr

Track16-06

2 녹음을 듣고 다음 문장의 한어병음을 써보세요.

❶ 我们喝一瓶啤酒。 ➡ _____

❷ 我买一件衣服。 ➡ _____

Track16-07

3 녹음을 듣고 보기의 단어를 이용하여 문장을 완성하세요.

| 보기 | 一支 | 一个 | 一杯 | 两本 | 三件 | 四双 |
| | yì zhī | yí ge | yì bēi | liǎng běn | sān jiàn | sì shuāng |

❶ 我有_____铅笔和_____书。
　 Wǒ yǒu　　　　qiānbǐ hé　　　　shū.

❷ 我要_____面包和_____牛奶。
　 Wǒ yào　　　　miànbāo hé　　　　niúnǎi.

❸ 我买_____衣服。
　 Wǒ mǎi　　　　yīfu.

❹ 我有_____鞋。
　 Wǒ yǒu　　　　xié.

4 다음 문장을 중국어로 써보세요.

❶ 당신은 몇 잔의 커피를 마십니까?

➡ _____

❷ 우리에게 핫도그 두 개 주세요.

➡ _____

❸ 잠시만 기다리세요.

➡ _____

5 본문의 회화를 참고하여, 다음 대화를 완성하세요.

我们_____汉堡包。
Wǒmen _____ hànbǎobāo.

你们喝什么?
Nǐmen hē shénme?

给我们_____。
Gěi wǒmen _____.

好,_____。
Hǎo, _____.

◆ 가로세로 열쇠를 풀어 중국어로 퍼즐을 완성하세요.

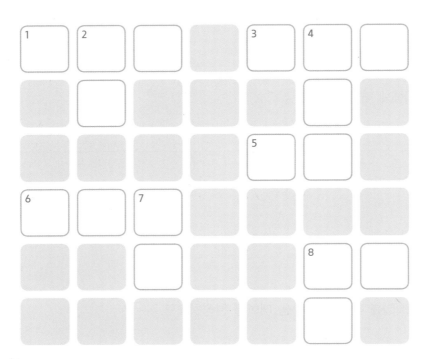

➡ 가로 열쇠	⬇ 세로 열쇠
1 TV를 보다	2 영화
3 중국어를 배우다	4 햄버거
5 책가방	7 일어나다, 기상하다
6 죄송합니다, 미안합니다	8 출근하다
8 수업하다	

▶ 정답 → 205쪽

1 녹음을 듣고 해당하는 발음을 고르세요. 🎧

① A yuè   B liè   C jiè

② A cānjiā   B zēngjiā   C zhēnjiǎ

③ A yìchǐ   B yìqǐ   C yīcì

④ A shīzi   B xìzi   C sīzì

2 녹음을 듣고 내용과 일치하는 그림을 고르세요. 🎧

① A    B    C

② A    B   C

③ A   B 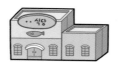   C

3 녹음을 듣고 질문에 알맞은 답을 고르세요. 🎧

① A 书包　　　　B 本子　　　　C 衣服

② A 汉堡包　　　B 面包　　　　C 比萨

③ A 4:00　　　　B 9:00　　　　C 10:00

4 주어진 병음을 배열한 후, 그림이 나타내는 단어의 한자와 뜻을 쓰세요.

①

②

_____　　　_____

5 다음 손가락 모양이 나타내는 숫자를 순서대로 제시한 것을 고르세요.

A 8 - 9 - 6 - 7　　　　　B 8 - 6 - 9 - 7

C 7 - 9 - 6 - 8　　　　　D 7 - 8 - 6 - 9

6 다음 빈칸에 <u>공통으로</u> 들어갈 알맞은 단어를 고르세요.

那(　　　)很有意思。	我有五(　　　)朋友。

A 是　　　　　B 不　　　　　C 个　　　　　D 儿

7 서로 대화가 어울리는 것끼리 연결하세요.

❶ 大家好!　　　　·　　　　　　　·　A 不，我去咖啡店。

❷ 你去公司吗?　·　　　　　　　·　B 那双很贵。

❸ 这儿有热狗吗?·　　　　　　　·　C 老师好!

❹ 这双鞋怎么样?·　　　　　　　·　D 对不起，这儿没有热狗。

8 다음 빈칸에 알맞은 양사를 쓰세요.

❶ 一＿＿＿＿学生　　　　❷ 两＿＿＿＿铅笔

❸ 三＿＿＿＿书　　　　　❹ 四＿＿＿＿衣服

9 다음 질문에 <u>부정형</u>으로 대답해 보세요.

❶ 他是中国人吗?　　　➡ ＿＿＿＿＿＿＿＿＿＿＿＿＿＿＿

❷ 你有妹妹吗?　　　　➡ ＿＿＿＿＿＿＿＿＿＿＿＿＿＿＿

❸ 她在家吗?　　　　　➡ ＿＿＿＿＿＿＿＿＿＿＿＿＿＿＿

10 다음 중 어법에 맞는 문장을 고르세요.

A 他不也去书店。   B 你有不有手机?

C 哪个好喝吗?   D 现在八点半。

11 빈칸에 들어갈 알맞은 단어를 고르세요.

> **보기**   A 的   B 最   C 什么   D 谁   E 和

❶ 这是(   )的杯子?

❷ 他不是我(   )哥哥，他是我(   )同学。

❸ 这儿有桌子(   )椅子。

❹ 那个(   )好看。

❺ 你喝(   )茶?

12 제시된 단어를 배열하여 문장을 만드세요.

❶ 他们 / 也 / 汉语 / 学 / 都

➡ _____

❷ 我 / 一个 / 给她 / 蛋糕

➡ _____

▶ 정답 → 206쪽

부록

Nǐ hǎo!
안녕하세요!

그림 보고 말하기 ➔38~39쪽

1 Nǐmen hǎo!
2 Dàjiā hǎo!
3 Nín hǎo!
4 Māma hǎo!
5 Bàba hǎo!
6 Jiějie hǎo!
7 Gēge hǎo!

연습 문제 ➔40쪽

2 ❶ á   ǎ   ā
  ❷ āo   ào   áo
  ❸ ài   āi   ái
  ❹ pǎ   pá   pā

3 ❶ Nǐ hǎo!
  ❷ Zàijiàn.

 Nǐ máng ma?
당신은 바빠요?

그림 보고 말하기 ➔48~49쪽

1 Gāo ma? → Hěn gāo. Bù gāo.
2 Ǎi ma?   → Hěn ǎi. Bù ǎi.
3 Kě ma?   → Hěn kě. Bù kě.
4 È ma?   → Hěn è. Bú è.
5 Lèi ma? → Hěn lèi. Bú lèi.

연습 문제 ➔50쪽

2 ❶ nào   ❷ máng   ❸ dōu
  ❹ hóng ❺ hēi   ❻ mén

3 ❶ Dìdi hěn lèi.
  ❷ Bàba hěn máng.

❸ Gēge hěn gāo.
❹ Mèimei bú è.

 Kàn bu kàn?
봐요, 안 봐요?

그림 보고 말하기 ➔58~59쪽

1 Tīng.
  Tīng ma?
  Tīng bu tīng?
  Bù tīng.
2 Lái.
  Lái ma?
  Lái bu lái?
  Bù Lái.
3 Gěi.
  Gěi ma?
  Gěi bu gěi?
  Bù gěi.
4 Hē.
  Hē ma?
  Hē bu hē?
  Bù hē.
5 Mǎi.
  Mǎi ma?
  Mǎi bu mǎi?
  Bù mǎi.

연습 문제 ➔60쪽

2 ❶ bàn   ❷ pái   ❸ fēn
  ❹ dòu   ❺ kāi   ❻ téng

3 ❶ Dìdi bù tīng.
  ❷ Nǎinai bú kàn.
  ❸ Yéye hē bu hē?

Wǒ shì xuésheng.
나는 학생입니다.

그림 보고 말하기 ➔68~69쪽

1 Wǒ shì lǎoshī.
Wǒ bú shì lǎoshī.

2 Wǒ shì gōngsī zhíyuán.
Wǒ bú shì gōngsī zhíyuán.

3 Wǒ shì Hánguórén.
Wǒ bú shì Hánguórén.

4 Wǒ shì Zhōngguórén.
Wǒ bú shì Zhōngguórén.

5 Wǒ shì Měiguórén.
Wǒ bú shì Měiguórén.

연습 문제 ➔70쪽

2 ❶ jiā　　❷ zāng　　❸ shé　　❹ xìn
　　❺ qié　　❻ sì　　❼ rǎo　　❽ cǎo

3 ❶ Jiějie shì lǎoshī.
　　❷ Mèimei shì xuésheng.
　　❸ Tāmen dōu shì Hánguórén.

 Wǒmen chī bǐsà.
우리 피자 먹어요.

그림 보고 말하기 ➔78~79쪽

1 Wǒ chī miànbāo.
2 Wǒ chī xiāngjiāo.
3 Wǒ chī hànbǎobāo.
4 Wǒ hē kāfēi.
5 Wǒ hē kělè.
6 Wǒ hē niúnǎi.
7 Wǒ hē píjiǔ.

연습 문제 ➔80쪽

2 ❶ xǐ liǎn　　❷ píngzi　　❸ hē jiǔ
　　❹ hěn xiǎo　　❺ mǎi xié　　❻ Hàn Jiāng
　　❼ méiyǒu　　❽ xióngmāo

3 ❶ Bàba chī xiāngjiāo.
　　❷ Gēge chī miànbāo, dìdi hē niúnǎi.
　　❸ Jiějie bù hē píjiǔ.

 Zhè shì shénme?
이것은 뭐예요?

그림 보고 말하기 ➔88~89쪽

1 Zhè shì bēizi.
2 Zhè shì kuàizi.
3 Zhè shì shuǐguǒ.
4 Nà shì wáwa.
5 Nà shì wàzi.
6 Nà shì yīfu.
7 Nà shì shūbāo.

연습 문제 ➔90쪽

2 ❶ bù duō　　❷ tài kuài
　　❸ guówáng　　❹ chūntiān
　　❺ zhuàng chē　　❻ wèntí
　　❼ bú guì　　❽ nuǎnhuo

3 ❶ Zhè shì shénme?
　　　Zhè shì wáwa.
　　❷ Nà shì shénme?
　　　Nà shì běnzi.
　　❸ Tāmen chī shuǐguǒ.

Nǐ qù nǎr?
당신은 어디에 가나요?

그림 보고 말하기 ➜ 98~99쪽

1 Wǒ qù xuéxiào.
　Wǒ zài xuéxiào.

2 Wǒ qù túshūguǎn.
　Wǒ zài túshūguǎn.

3 Wǒ qù gōngsī.
　Wǒ zài gōngsī.

4 Wǒ qù yínháng.
　Wǒ zài yínháng.

5 Wǒ qù yīyuàn.
　Wǒ zài yīyuàn.

6 Wǒ qù chāoshì.
　Wǒ zài chāoshì.

7 Wǒ qù fànguǎnr.
　Wǒ zài fànguǎnr.

연습 문제 ➜ 100쪽

2 ❶ yuèliang　　❷ nǚrén　　❸ jūnduì
　❹ shàng dàxué　❺ xué Yīngyǔ
　❻ mǎi qúnzi　　❼ hē lùchá
　❽ chī júzi　　　❾ xuǎnzé

3 ❶ Jiějie qù xuéxiào.
　❷ Tāmen qù chāoshì.
　❸ Yéye zài fànguǎnr.

 Nǐ yǒu nǚpéngyou ma?
당신은 여자 친구가 있어요?

그림 보고 말하기 ➜ 108~109쪽

1 Yǒu méiyǒu chuáng?
　ⓐ Yǒu chuáng.　　ⓑ Yǒu chuáng.

2 Yǒu méiyǒu zhuōzi?
　ⓐ Yǒu zhuōzi.　　ⓑ Yǒu zhuōzi.

3 Yǒu méiyǒu yǐzi?
　ⓐ Yǒu yǐzi.　　　ⓑ Méiyǒu yǐzi.

4 Yǒu méiyǒu diànshì?
　ⓐ Yǒu diànshì.　　ⓑ Yǒu diànshì.

5 Yǒu méiyǒu diànnǎo?
　ⓐ Yǒu diànnǎo.　　ⓑ Méiyǒu diànnǎo.

6 Yǒu méiyǒu kōngtiáo?
　ⓐ Méiyǒu kōngtiáo.　ⓑ Yǒu kōngtiáo.

7 Yǒu méiyǒu shǒujī?
　ⓐ Yǒu shǒujī.　　ⓑ Méiyǒu shǒujī.

연습 문제 ➜ 110쪽

2 ❶ Wǒmen dōu hěn hǎo.
　❷ Bàba yě bú qù yínháng.
　❸ Tāmen dōu shì xuésheng.

3 ❶ Wǒ yǒu Zhōngguó péngyou.
　❷ Bàba yǒu shǒujī, māma méiyǒu shǒujī.
　❸ Nǐ yǒu diànnǎo ma?
　　Wǒ méiyǒu diànnǎo.

퍼즐 ➜ 112쪽

2 Nǐ yǒu nǚpéngyou ma?
3 Tā qù túshūguǎn.
4 Wǒ shì Hánguórén.
5 Nǐ hē kāfēi ma?

我们都不去。
우리는 모두 가지 않아요.

맛있는 어법 ➔ 116~117쪽

1 ❶ 他　　❷ 她　　❸ 他们

2 ❶ 我不买。你买吗？你买不买？

　❷ 他不看。他看吗？他看不看？

3 ❶ A　　❷ B

그림 보고 말하기 ➔ 119쪽

1 爷爷听，奶奶不听。

2 弟弟吃，妹妹也吃。他们都吃。

3 妈妈不喝，爸爸也不喝。

　他们都不喝。

4 奶奶不看，爷爷也不看。

　他们都不看。

연습 문제 ➔ 120~121쪽

2 ❶ Nǐmen xué bu xué?

　❷ Wǒmen dōu bú qù. Nǐ qù ma?

3 ❶ ✕　　❷ ○　　❸ ✕

┌─ 녹음 원문 🎧 ─────────────

❶ 爸爸来，妈妈不来。

❷ 我不吃，她也不吃。

❸ 他们都看，我不看。

─────────────────────

❶ 아빠는 오는데, 엄마는 오지 않습니다.

❷ 나는 먹지 않고, 그녀도 먹지 않습니다.

❸ 그들은 모두 보는데, 나는 보지 않습니다.

└──────────────────────

4 ❶ 你们都看吗？

　❷ 他们也都不买。

　❸ 姐姐听，哥哥不听。

5

 我去，你们也去吗？
Wǒ qù, nǐmen yě qù ma?

😊 我们都不去。
Wǒmen dōu bú qù.

😊 他们去不去？
Tāmen qù bu qù?

😊 他们也都不去。
Tāmen yě dōu bú qù.

10과 **哪个好看？**
어느 것이 예쁜가요？

맛있는 어법 ➔ 126~127쪽

1 ❶ 我很好。　　❷ 你饿不饿？

4 ❶ 最　　❷ 不太

그림 보고 말하기 ➔ 129쪽

[참고 답안]

1 面包很好吃，比萨不太好吃。

2 弟弟非常饿，妹妹不饿。

3 学生很困，老师也很困。

4 啤酒不太好喝，咖啡也不太好喝。

연습 문제 ➔ 130~131쪽

2 ❶ Zhège bú tài guì.

　❷ Nǎge zuì hǎokàn?

3 ❶ 中国人非常多。

　❷ 我不太困。

　❸ 这个最好喝。

4 ❶ 哪个最好吃？

　❷ 这个好(看)不好看？

　❸ 我不太累。

5

😊 这个贵不贵？
Zhège guì bu guì?

这个不太贵。
Zhège bú tài guì.

哪个好看?
Nǎge hǎokàn?

那个最好看。
Nàge zuì hǎokàn.

5

你学什么?
Nǐ xué shénme?

我学汉语。
Wǒ xué Hànyǔ.

汉语怎么样?
Hànyǔ zěnmeyàng?

很有意思。
Hěn yǒu yìsi.

11과 你学什么?
당신은 무엇을 배워요?

맛있는 어법 ➔136～137쪽

1 [참고 답안]
❶ 我看书。　❷ 我吃汉堡包。
2 ❶ 她看什么书?　❷ 你买什么?
3 ❶ 什么　❷ 怎么样

그림 보고 말하기 ➔139쪽

1 妹妹吃蛋糕,弟弟吃面包。
2 爷爷喝啤酒,奶奶喝茶。
3 姐姐买衣服,哥哥买袜子。
4 爸爸看电视,妈妈看书。

연습 문제 ➔140～141쪽

2 ❶ Māma zuò cài, bàba chī fàn.
❷ Hànyǔ zěnmeyàng?

3 A 你吃什么?
B 我吃蛋糕。
A 你喝茶吗?
B 我不喝茶,我喝牛奶。

4 ❶ 你们买什么?
❷ 我们都写汉字。
❸ 他不看电视。

12과 她是谁?
그녀는 누구예요?

맛있는 어법 ➔146～147쪽

1 ❶ 他是你哥哥吗? [또는]
他是不是你哥哥?
❷ 这不是中国茶。
2 ❶ 这是我看的电影。
❷ 他是我朋友。
3 ❶ 那是谁的手机?
❷ 这是谁买的水果?

그림 보고 말하기 ➔149쪽

1 东民的妈妈是护士。
2 东民的爷爷是医生。
3 他是弟弟的老师。
4 她是哥哥的女朋友。

연습 문제 ➔150～151쪽

2 ❶ Tāmen shì shéi?
❷ Tā bú shì wǒ de tóngxué.

3 A 她是谁?
B 她是我的姐姐。
A 你的姐姐是护士吗?
B 不是,她是老师。

4 ❶ 她是谁的老师?

　❷ 我(的)妈妈是医生。

　❸ 他是不是你的朋友?

5

她是谁?
Tā shì shéi?

她是我朋友。
Tā shì wǒ péngyou.

她是不是你的女朋友?
Tā shì bu shì nǐ de nǚpéngyou?

她不是我的女朋友。
Tā bú shì wǒ de nǚpéngyou.

13과 咖啡店在哪儿?
카페는 어디에 있나요?

맛있는 어법 ➜ 156~157쪽

2 ❶ 他们不在学校。

　❷ 他在咖啡店。

3 ❶ 哪个　❷ 哪儿　❸ 那儿

그림 보고 말하기 ➜ 159쪽

1 爸爸去银行。

2 妈妈去书店。

3 爷爷、奶奶去医院。

4 哥哥去星巴克。

5 妹妹去麦当劳。

6 弟弟去网吧。

연습 문제 ➜ 160~161쪽

2 ❶ Wǒmen xuéxiào zài Shǒu'ěr.

　❷ Wǒ bú qù shūdiàn, wǒ qù kāfēidiàn.

3 ❶ A　❷ B　❸ B

녹음 원문 🎧

❶ 弟弟去网吧，不去学校。

　질문 弟弟去哪儿?

❷ 哥哥去图书馆，我去饭馆儿。

　질문 谁去图书馆?

❸ 我家不在首尔，在釜山。

　질문 我家在哪儿?

---

❶ 남동생은 PC방에 가지, 학교에 가지 않습니다.

　질문 남동생은 어디에 가나요?

❷ 형(오빠)는 도서관에 가고, 나는 식당에 갑니다.

　질문 누가 도서관에 가나요?

❸ 우리 집은 서울에 없고, 부산에 있습니다.

　질문 우리 집은 어디에 있나요?

---

4 ❶ 你们去图书馆吗?

　❷ 我的书包在哪儿?

　❸ 你的鞋在那儿。

5

你去哪儿?
Nǐ qù nǎr?

我去咖啡店。
Wǒ qù kāfēidiàn.

咖啡店在哪儿?
Kāfēidiàn zài nǎr?

就在那儿。
Jiù zài nàr.

14과 现在几点?
지금 몇 시예요?

맛있는 어법 ➜ 166~167쪽

2 ❶ 十四　❷ 三十八

　❸ 六十二　❹ 七十五

3 ❶ 三点十五分(=三点一刻)

　❷ 七点三十分(=七点半)

　❸ 十二点

정답

그림 보고 말하기 → 169쪽

•동민의 하루

1 他七点半吃早饭。
   (=他七点三十分吃早饭。)
2 他十点上课。
3 他十二点半吃午饭。
   (=他十二点三十分吃午饭。)
4 他两点下课。
5 他四点半去麦当劳。
   (=他四点三十分去麦当劳。)
6 他八点玩儿电脑。

•아빠의 하루

1 爸爸七点零五分去补习班。
2 爸爸九点一刻上班。
   (=爸爸九点十五分上班。)
3 爸爸十点一刻喝咖啡。
   (=爸爸十点十五分喝咖啡。)
4 爸爸六点三刻下班。
   (=爸爸六点四十五分下班。)
5 爸爸八点半看电视。
   (=爸爸八点三十分看电视。)
6 爸爸十一点五十五分睡觉。
   (=爸爸差五分十二点睡觉。)

연습 문제 → 170~171쪽

2 ❶ Wǒ bā diǎn qǐ chuáng, bā diǎn bàn chī
     zǎofàn.
   ❷ Bàba jiǔ diǎn shàng bān, qī diǎn xià bān.

3 ❶ 十二点零五分
   ❷ 两点十五分(=两点一刻)
   ❸ 六点三十分(=六点半)
   ❹ 十点四十五分(=十点三刻)

4 ❶ 现在几点?
   ❷ 你几点去学校?
   ❸ 我十二点吃饭。

5
😊 现在几点?
   Xiànzài jǐ diǎn?
😊 现在三点。
   Xiànzài sān diǎn.
😊 你几点下课?
   Nǐ jǐ diǎn xià kè?
😊 我五点半下课。
   Wǒ wǔ diǎn bàn xià kè.

15과 这儿有什么?
여기에는 무엇이 있나요?

맛있는 어법 → 176~177쪽

1 ❶ 这儿有wi-fi。   ❷ 这儿没有空调。
2 ❶ A   ❷ C

그림 보고 말하기 → 179쪽

1 奶奶有手机，爷爷没有手机。
2 哥哥有中国朋友，姐姐没有中国朋友。
3 妹妹有娃娃，弟弟没有娃娃。
4 我家有电视，朋友家没有电视。

연습 문제 → 180~181쪽

2 ❶ Nǐ jiā yǒu méiyǒu diànnǎo?
   ❷ Zhèr yǒu zhuōzi hé yǐzi.

3 ❶ B   ❷ A   ❸ A

┌─ 녹음 원문 🎧 ─────────────┐
❶ 我的朋友有姐姐，我没有姐姐。
   질문 谁有姐姐?
❷ 这儿有热狗，没有汉堡包和三明治。
   질문 这儿有什么?
❸ 我没有英语书，我有汉语书。
   질문 我有什么?
└─────────────────────┘

- ❶ 내 친구는 누나(언니)가 있지만, 나는 누나(언니)가 없습니다.
  질문 누가 누나(언니)가 있나요?
- ❷ 여기에 핫도그는 있는데, 햄버거와 샌드위치는 없습니다.
  질문 여기에는 무엇이 있나요?
- ❸ 나는 영어 책이 없고, 중국어 책이 있습니다.
  질문 나는 무엇을 가지고 있나요?

4 ❶ 你有没有中国朋友?
  ❷ 这儿有汉堡包吗?
  ❸ 那儿没有空调和电视。

5
👦 这儿有热狗吗?
   Zhèr yǒu règǒu ma?
👧 对不起，这儿没有热狗。
   Duìbuqǐ, zhèr méiyǒu règǒu.
👦 这儿有什么?
   Zhèr yǒu shénme?
👧 有汉堡包和三明治。
   Yǒu hànbǎobāo hé sānmíngzhì.

16과 给我们两杯可乐。
우리에게 콜라 두 잔 주세요.

맛있는 어법 ➜186~187쪽

1 ❶ 六个学生　　❷ 两杯咖啡
  ❸ 四件衣服
2 ❶ 给我一杯茶。
  ❷ 老师教我们汉语。

그림 보고 말하기 ➜189쪽

1 老师有六本书。
2 妹妹喝两杯牛奶。
3 哥哥吃三碗饭。
4 妈妈买一件衣服。

연습 문제 ➜190~191쪽

2 ❶ Wǒmen hē yì píng píjiǔ.
  ❷ Wǒ mǎi yí jiàn yīfu.

3 ❶ 我有一支铅笔和两本书。
  ❷ 我要一个面包和一杯牛奶。
  ❸ 我买三件衣服。
  ❹ 我有四双鞋。

4 ❶ 你喝几杯咖啡?
  ❷ 给我们两个热狗。
  ❸ 请等一下。

5
👦 我们要两个汉堡包。
   Wǒmen yào liǎng ge hànbǎobāo.
👦 你们喝什么?
   Nǐmen hē shénme?
👦 给我们两杯可乐。
   Gěi wǒmen liǎng bēi kělè.
👦 好，请等一下。
   Hǎo, qǐng děng yíxià.

퍼즐 ➜192쪽

정답

종합 평가 → 193~196쪽

1 ❶ A ❷ B ❸ B ❹ A

┌─ 녹음 원문 🎧 ──
❶ yuè   ❷ zēngjiā   ❸ yìqǐ   ❹ shīzi
└──

2 ❶ C ❷ A ❸ A

┌─ 녹음 원문 🎧 ──
❶ 我很饿。
❷ 我吃香蕉，不吃面包。
❸ A 你在哪儿？
   B 我在图书馆。
├──
❶ 나는 배고픕니다.
❷ 나는 바나나를 먹고, 빵을 먹지 않습니다.
❸ A 당신은 어디 있어요?
   B 나는 도서관에 있어요.
└──

3 ❶ C ❷ A ❸ B

┌─ 녹음 원문 🎧 ──
❶ 我买衣服，不买书包。
   질문 他买什么？
❷ 汉堡包很好吃，比萨不太好吃。
   질문 哪个好吃？
❸ 我九点上课，四点下课。
   질문 他几点上课？
├──
❶ 나는 옷을 사고, 책가방을 사지 않습니다.
   질문 그는 무엇을 사나요?
❷ 햄버거는 맛있고, 피자는 그다지 맛있지 않습니다.
   질문 어느 것이 맛있나요?
❸ 나는 9시에 수업하고, 4시에 수업이 끝납니다.
   질문 그는 몇 시에 수업하나요?
└──

4 ❶ 老师 lǎoshī 선생님
   ❷ 韩国人 Hánguórén 한국인

5 C

6 C

7 ❶ C ❷ A ❸ D ❹ B

8 ❶ 个 ❷ 支 ❸ 本 ❹ 件

9 ❶ 他不是中国人。
   ❷ 我没有妹妹。
   ❸ 她不在家。

10 D

11 ❶ D ❷ A / A ❸ E ❹ B ❺ C

12 ❶ 他们也都学汉语。
   ❷ 我给她一个蛋糕。

찾아보기

찾아보기

자르는 선

중국어 음절 결합표

운모\성모	a	o	e	-i	er	ai	ei	ao	ou	an	en	ang	eng	ong	i	ia	iao	ie
b	ba	bo				bai	bei	bao		ban	ben	bang	beng		bi		biao	bie
p	pa	po				pai	pei	pao	pou	pan	pen	pang	peng		pi		piao	pie
m	ma	mo	me			mai	mei	mao	mou	man	men	mang	meng		mi		miao	mie
f	fa	fo					fei		fou	fan	fen	fang	feng					
d	da		de			dai	dei	dao	dou	dan	den	dang	deng	dong	di		diao	die
t	ta		te			tai		tao	tou	tan		tang	teng	tong	ti		tiao	tie
n	na		ne			nai	nei	nao	nou	nan	nen	nang	neng	nong	ni		niao	nie
l	la		le			lai	lei	lao	lou	lan		lang	leng	long	li	lia	liao	lie
z	za		ze	zi		zai	zei	zao	zou	zan	zen	zang	zeng	zong				
c	ca		ce	ci		cai		cao	cou	can	cen	cang	ceng	cong				
s	sa		se	si		sai		sao	sou	san	sen	sang	seng	song				
zh	zha		zhe	zhi		zhai	zhei	zhao	zhou	zhan	zhen	zhang	zheng	zhong				
ch	cha		che	chi		chai		chao	chou	chan	chen	chang	cheng	chong				
sh	sha		she	shi		shai	shei	shao	shou	shan	shen	shang	sheng					
r			re	ri				rao	rou	ran	ren	rang	reng	rong				
j															ji	jia	jiao	jie
q															qi	qia	qiao	qie
x															xi	xia	xiao	xie
g	ga		ge			gai	gei	gao	gou	gan	gen	gang	geng	gong				
k	ka		ke			kai	kei	kao	kou	kan	ken	kang	keng	kong				
h	ha		he			hai	hei	hao	hou	han	hen	hang	heng	hong				
단독쓰임	a	o	e		er	ai	ei	ao	ou	an	en	ang	eng		yi	ya	yao	ye

iou (iu)	ian	in	iang	ing	iong	u	ua	uo	uai	uei (ui)	uan	uen (un)	uang	ueng	ü	üe	üan	ün
	bian	bin		bing		bu												
	pian	pin		ping		pu												
miu	mian	min		ming		mu												
						fu												
diu	dian			ding		du		duo		dui	duan	dun						
	tian			ting		tu		tuo		tui	tuan	tun						
niu	nian	nin	niang	ning		nu		nuo			nuan				nü	nüe		
liu	lian	lin	liang	ling		lu		luo			luan	lun			lü	lüe		
						zu		zuo		zui	zuan	zun						
						cu		cuo		cui	cuan	cun						
						su		suo		sui	suan	sun						
						zhu	zhua	zhuo	zhuai	zhui	zhuan	zhun	zhuang					
						chu	chua	chuo	chuai	chui	chuan	chun	chuang					
						shu	shua	shuo	shuai	shui	shuan	shun	shuang					
						ru	rua	ruo		rui	ruan	run						
jiu	jian	jin	jiang	jing	jiong										ju	jue	juan	jun
qiu	qian	qin	qiang	qing	qiong										qu	que	quan	qun
xiu	xian	xin	xiang	xing	xiong										xu	xue	xuan	xun
						gu	gua	guo	guai	gui	guan	gun	guang					
						ku	kua	kuo	kuai	kui	kuan	kun	kuang					
						hu	hua	huo	huai	hui	huan	hun	huang					
you	yan	yin	yang	ying	yong	wu	wa	wo	wai	wei	wan	wen	wang	weng	yu	yue	yuan	yun

* 감탄사에 쓰이는 특수한 음절(ng, hng 등)은 생략하였습니다.

독해의 달인이 되는 필독 기본서
재미와 감동, 문화까지 맛있게 독해하자

엄영권 지음 | ❶ 228쪽 · ❷ 224쪽
각 권 값 14,500원(MP3 파일 무료 다운로드)

작문의 달인이 되는 필독 기본서
어법과 문장구조, 어감까지 익혀 거침없이 작문하자

한민이 지음 | 각 권 204쪽 | ❶ 16,000원 ❷ 13,500원

중국어의
달인이 되는
필독 기본서

어법의 달인이 되는 필독 기본서
중국어 어법 A to Z 빠짐없이 잡는다

한민이 지음 | 280쪽 | 값 17,500원
(본책+워크북+발음 MP3 파일 무료 다운로드)

듣기의 달인이 되는 필독 기본서
듣기 집중 훈련으로 막힌 귀와 입을 뚫는다

김효정 · 이정아 지음 | 232쪽 | 값 15,000원
(본책+워크북+MP3 파일 무료 다운로드)

015

Wǒ hěn è.

我很饿。

나는 배고파요.

001

Nǐ hǎo!

你好!

안녕하세요!

017

Nǐ hē kāfēi ma?

你喝咖啡吗?

당신은 커피를 마셔요?

003

Nǐ máng ma?

你忙吗?

당신은 바빠요?

019

Zhè shì shénme?

这是什么?

이것은 뭐예요?

005

Nǐ lèi ma?

你累吗?

당신은 피곤해요?

021

Nà shì shénme?

那是什么?

저것은 뭐예요?

007

Nǐ kàn ma?

你看吗?

당신은 봐요?

023

Nǐ qù nǎr?

你去哪儿?

당신은 어디에 가나요?

009

Tā kàn bu kàn?

他看不看?

그는 봐요, 안 봐요?

025

Gēge zài nǎr?

哥哥在哪儿?

형(오빠)는 어디에 있어요?

011

Nǐ shì xuésheng ma?

你是学生吗?

당신은 학생이에요?

027

Nǐ yǒu nǚpéngyou ma?

你有女朋友吗?

당신은 여자 친구가 있어요?

013

Tāmen yě shì xuésheng ma?

他们也是学生吗?

그들도 학생이에요?

029

Nǐ yǒu méiyǒu nánpéngyou?

你有没有男朋友?

당신은 남자 친구가 있어요, 없어요?

016

Wǒmen chī bǐsà.

我们吃比萨。

우리는 피자를 먹어요.

018

Bù, wǒ hē kělè.

不，我喝可乐。

아니요, 나는 콜라를 마셔요.

002

Zàijiàn.

再见。

안녕히 계세요. / 안녕히 가세요.

020

Zhè shì shū.

这是书。

이것은 책이에요.

004

Wǒ hěn máng.

我很忙。

나는 바빠요.

022

Nà shì běnzi.

那是本子。

저것은 노트예요.

006

Wǒ bú lèi.

我不累。

나는 피곤하지 않아요.

024

Wǒ qù xuéxiào.

我去学校。

나는 학교에 가요.

008

Wǒ bú kàn.

我不看。

나는 보지 않아요.

026

Tā zài gōngsī.

他在公司。

그는 회사에 있어요.

010

Tā yě bú kàn.

他也不看。

그도 보지 않아요.

028

Wǒ méiyǒu nǚpéngyou.

我没有女朋友。

나는 여자 친구가 없어요.

012

Shì, wǒ shì xuésheng.

是，我是学生。

네, 나는 학생이에요.

030

Wǒ yǒu nánpéngyou.

我有男朋友。

나는 남자 친구가 있어요.

014

Bú shì, tāmen dōu shì lǎoshī.

不是，他们都是老师。

아니요, 그들은 모두 선생님이에요.

첫걸음

최신 개정

맛있는 중국어
Level ❶

JRC 중국어연구소 기획·저

워크북

록 ▶ MP3 파일 무료 다운로드

★★★★★
중국어 회화
100만부 판매
베스트셀러

맛있는 **books**

최신 개정

맛있는 중국어
Level ① 첫걸음

워크북

JRC 중국어연구소 기획·저

맛있는 books

Nǐ hǎo! 안녕하세요!
你好!

맛있는 간체자 제시된 획순에 따라 써보세요.

你 nǐ 때 너, 당신	ノ イ イ 什 竹 伩 你				你 너 니
	你 nǐ	你 nǐ			

好 hǎo 형 좋다, 안녕하다	ㄑ ㄑ 女 女' 奵 好				好 좋을 호
	好 hǎo	好 hǎo			

您 nín 때 당신 [你의 존칭어]	ノ イ イ 什 竹 你 你 你 您 您 您				您 너 님
	您 nín	您 nín			

再见 zàijiàn 동 다시 만나요, 안녕	一 � 厂 冂 币 再 再 丨 冂 贝 见			再 다시 재	见 볼 견
	再见 zàijiàn	再见 zàijiàn			

맛있는 발음

녹음을 들으며 성조를 표시해 보세요.

❶ a   a   a   a

❷ i   i   i   i

❸ e   e   e   e

❹ o   o   o   o

❺ ma   ma   ma   ma

❻ ni   ni   ni   ni

❼ ku   ku   ku   ku

맛있는 단어

녹음을 들으며 병음을 완성하고 성조를 표시해 보세요.

Track02

❶ 你   n___   너, 당신

❷ 好   h_____   좋다, 안녕하다

❸ 妈妈 m___m___   엄마

❹ 爸爸 b___b___   아빠

맛있는 회화

다음 빈칸을 채운 후 말해 보세요.

> **샤오잉** Nǐ hǎo!   안녕!
>
> **동민** _____   안녕!
>
> **샤오잉** Zàijiàn.   잘 가.
>
> **동민** _____   잘 가.

2과 Nǐ máng ma? 당신은 바빠요?

你忙吗?

맛있는 간체자 제시된 획순에 따라 써보세요.

我 wǒ 대 나	一 二 于 手 我 我 我				我 나 아
	我 (wǒ)	我 (wǒ)			
忙 máng 형 바쁘다	丶 丷 忄 忄 忙 忙				忙 바쁠 망
	忙 (máng)	忙 (máng)			
累 lèi 형 피곤하다	丨 冂 日 田 田 罒 罒 罒 累 累 累				累 누 끼칠 루
	累 (lèi)	累 (lèi)			
吗 ma 조 ~까?, ~요?	丨 口 口 口 吗 吗				嗎 의문조사 마
	吗 (ma)	吗 (ma)			

맛있는 발음   녹음을 들으며 성조를 표시해 보세요.

❶ ai

❷ hao

❸ kan

❹ mang

❺ gou

❻ dong

❼ hei

❽ men

❾ teng

❿ er

맛있는 단어   녹음을 들으며 병음을 완성하고 성조를 표시해 보세요.

Track04

❶ 很   h____n   매우, 아주

❷ 不   b____   ~아니다, ~않다[부정]

❸ 高   g____   (키가) 크다

❹ 渴   k____   목마르다

❺ 饿   ____   배고프다

다음 빈칸을 채운 후 말해 보세요.

엄마   Nǐ máng ma?   바쁘니?

동민   _____   바빠요.

엄마   Nǐ lèi ma?   피곤하니?

동민   _____   피곤하지 않아요.

Kàn bu kàn? 봐요, 안 봐요?
看不看?

맛있는 간체자 제시된 획순에 따라 써보세요.

他 tā 대 그	ノ イ 仁 仳 他				他 남 타
	他 tā	他 tā			

看 kàn 동 보다	一 二 三 手 毛 看 看 看 看				看 볼 간
	看 kàn	看 kàn			

来 lái 동 오다	一 二 ㄓ 平 平 来 来				来 올 래
	来 lái	来 lái			

喝 hē 동 마시다	丨 冂 冂 冂 冏 吗 吗 吗 喝 喝 喝 喝				喝 꾸짖을 갈
	喝 hē	喝 hē			

녹음을 들으며 성조를 표시해 보세요.

Track05

❶ ba

❷ pao

❸ mai

❹ fan

❺ dong

❻ nan

❼ leng

❽ gao

❾ kai

❿ he

맛있는 **단어**

녹음을 들으며 병음을 완성하고 성조를 표시해 보세요.

Track06

❶ 来　　l_____　　오다

❷ 她　　t____　　그녀

❸ 也　　y____　　~도, 또한

❹ 听　　t____ng　　듣다

❺ 买　　m_____　　사다

맛있는 **회화**

다음 빈칸을 채운 후 말해 보세요.

샤오잉	Nǐ kàn ma?	너는 보니?
동민	_____	나는 보지 않아.
샤오잉	_____	그는 보니, 안 보니?
동민	Tā yě bú kàn.	그도 보지 않아.

Wǒ shì xuésheng. 나는 학생입니다.

我是学生。

맛있는 간체자 제시된 획순에 따라 써보세요.

是 shì 동 ~이다	ㅣ 冂 冂 日 旦 旦 早 是 是				是 옳을 시
	是 shì	是 shì			

学生 xuésheng 명 학생	丶 丷 ⺍ ⺍ 学 学 学 学 丿 丨 ⺧ 生 生			學 배울 학	生 날 생
	学生 xuésheng	学生 xuésheng			

老师 lǎoshī 명 선생님	一 十 土 耂 耂 老 ㅣ ㅣ 厂 帀 帀 师			老 늙을 로	師 스승 사
	老师 lǎoshī	老师 lǎoshī			

韩国人 Hánguórén 명 한국인	一 十 古 古 古 直 卓 卓 卓 軝 韩 ㅣ 冂 冂 冂 国 国 国 国 ㅣ 丿 人		韓 나라 이름한	國 나라 국	人 사람 인
	韩国人 Hánguórén	韩国人 Hánguórén			

맛있는 발음   녹음을 들으며 성조를 표시해 보세요.

❶ jia

❷ qi

❸ xi

❹ zhe

❺ chi

❻ shu

❼ re

❽ zao

❾ cai

❿ si

맛있는 단어   녹음을 들으며 병음을 완성하고 성조를 표시해 보세요.

Track08

❶ 他们   t___m___n   그들

❷ 是   sh___   ~이다

❸ 学生   xu___sh___ng   학생

❹ 都   d_____   모두

❺ 老师   l_____sh___   선생님

맛있는 회화   다음 빈칸을 채운 후 말해 보세요.

동민   _____
너는 학생이니?

학생   Shì, wǒ shì xuésheng.
네, 저는 학생이에요.

동민   Tāmen yě shì xuésheng ma?
저들도 학생이니?

학생   _____
아니요, 저들은 모두 선생님이에요.

Wǒmen chī bǐsà. 우리 피자 먹어요.

我们吃比萨。

맛있는 간체자   제시된 획순에 따라 써보세요.

吃 chī 동 먹다	丨 口 口 叮 吃 吃				吃 어눌할 **흘**
	吃 chī	吃 chī			

比萨 bǐsà 명 피자	一 匕 比 比 一 艹 艹 芦 芦 芦 芦 萨 萨 萨 萨				比 견줄 **비**	薩 보살 **살**
	比萨 bǐsà	比萨 bǐsà			

咖啡 kāfēi 명 커피	丨 口 口 叮 叻 咖 咖 咖 丨 口 口 叫 叫 吖 吓 咁 啡 啡 啡				咖 커피 **가**	啡 커피 **배**
	咖啡 kāfēi	咖啡 kāfēi			

可乐 kělè 명 콜라	一 丆 冂 口 可 一 匚 乐 乐 乐				可 옳을 **가**	樂 즐길 **락**
	可乐 kělè	可乐 kělè			

맛있는 발음 녹음을 들으며 성조를 표시해 보세요.

❶ xia

❷ xie

❸ xiao

❹ yao

❺ jiu

❻ lian

❼ jiang

❽ xiong

❾ xin

❿ ping

맛있는 단어 녹음을 들으며 병음을 완성하고 성조를 표시해 보세요.

❶ 吃　　　ch____　　　　　　　먹다

❷ 面包　　m_____b_____　　　빵

❸ 咖啡　　k____f_____　　　　커피

❹ 牛奶　　n_____n_____　　　우유

❺ 我们　　w____m____n　　　　우리들

맛있는 회화 다음 빈칸을 채운 후 말해 보세요.

누나	Wǒ hěn è.	나 배고파.
동민	_____	우리 피자 먹자.
누나	Nǐ hē kāfēi ma?	커피 마실래?
동민	_____	아니, 난 콜라 마실게.

Zhè shì shénme? 이것은 뭐예요?
这是什么?

맛있는 간체자 제시된 획순에 따라 써보세요.

这 zhè 대 이, 이것	` ー ナ 文 文 议 这				這 이 저
	这 zhè	这 zhè			

那 nà 대 그, 그것, 저, 저것	刁 习 刀 月 那 那				那 저 나
	那 nà	那 nà			

书 shū 명 책	乛 乛 书 书				書 글 서
	书 shū	书 shū			

本子 běnzi 명 노트	一 十 才 木 本 / 乛 了 子			本 근본 본	子 아들 자
	本子 běnzi	本子 běnzi			

발음 녹음을 들으며 성조를 표시해 보세요.

Track11

① hua

② wawa

③ duo

④ wo

⑤ kuai

⑥ duan

⑦ zhuang

⑧ gui

⑨ chuntian

⑩ weng

 단어 녹음을 들으며 병음을 완성하고 성조를 표시해 보세요.

Track12

① 这   zh_____   이, 이것

② 什么   sh_____m_____   무엇

③ 水果   sh_____g_____   과일

④ 书包   sh___b_____   책가방

⑤ 衣服   y___f_____   옷

회화 다음 빈칸을 채운 후 말해 보세요.

선생님 Zhè shì shénme?   이것은 뭐지?

동민 _____   이것은 책이에요.

선생님 Nà shì shénme?   저것은 뭐지?

동민 _____   저것은 노트예요.

Nǐ qù nǎr? 당신은 어디에 가나요?
你去哪儿?

맛있는 간체자 제시된 획순에 따라 써보세요.

去 qù 동 가다	一 十 土 去 去				去 갈 거
	去 qù	去 qù			

在 zài 동 ~에 있다	一 ナ 疒 在 在 在				在 있을 재
	在 zài	在 zài			

学校 xuéxiào 명 학교	丶 丶 ⺍ ⺍ 学 学 学 一 十 オ 木 术 栌 栌 栌 栌 校 校			學 배울 학	校 학교 교
	学校 xuéxiào	学校 xuéxiào			

公司 gōngsī 명 회사	ノ 八 公 公 丁 ㄱ 刁 司 司			公 공평할 공	司 맡을 사
	公司 gōngsī	公司 gōngsī			

녹음을 들으며 성조를 표시해 보세요.

Track13

❶ juzi

❷ jundui

❸ qu

❹ qunzi

❺ xue

❻ xuanze

❼ nühair

❽ lücha

❾ yiyuan

❿ yinhang

맛있는 **단어**

녹음을 들으며 병음을 완성하고 성조를 표시해 보세요.

Track14

❶ 哪儿　　n_____　　어디, 어느 곳

❷ 学校　　xué_____　　학교

❸ 图书馆　túshū_____　도서관

❹ 超市　　_____shì　　마트, 슈퍼마켓

❺ 饭馆儿　_____guǎnr　음식점, 식당

맛있는 **회화**

다음 빈칸을 채운 후 말해 보세요.

엄마　_____　너는 어디 가니?

동민　Wǒ qù xuéxiào.　저는 학교에 가요.

엄마　Gēge zài nǎr?　형은 어디에 있니?

동민　_____　그는 회사에 있어요.

Nǐ yǒu nǚpéngyou ma?
你有女朋友吗?

당신은 여자 친구가 있어요?

맛있는 간체자   제시된 획순에 따라 써보세요.

有	一 ナ 广 有 有 有				有
yǒu ⑧ 있다, 가지고 있다					있을 유
	有	有			
	yǒu	yǒu			

没有	﹀ ﹀ 氵 氵 沪 汐 没 一 ナ 广 有 有 有				没 빠질 몰	有 있을 유
méiyǒu ⑧ 없다						
	没有	没有				
	méiyǒu	méiyǒu				

女朋友	乙 女 女 ｜ 丿 几 月 月 月 朋 朋 朋 一 ナ 方 友			女 여자 녀	朋 벗 봉	友 벗 우
nǚpéngyou ⑲ 여자 친구						
	女朋友	女朋友				
	nǚpéngyou	nǚpéngyou				

男朋友	｜ 冂 冂 曱 田 田 男 男 丿 几 月 月 月 朋 朋 朋 ｜ 一 ナ 方 友			男 사내 남	朋 벗 봉	友 벗 우
nánpéngyou ⑲ 남자 친구						
	男朋友	男朋友				
	nánpéngyou	nánpéngyou				

맛있는 발음 녹음을 들으며 성조를 표시해 보세요.

❶ bingxiang

❷ qianbi

❸ yinyue

❹ mingtian

❺ niunai

❻ xuesheng

❼ nü'er

❽ shuiguo

❾ kele

❿ mianbao

⓫ miantiao

⓬ Hanzi

Track16

맛있는 단어 녹음을 들으며 병음을 완성하고 성조를 표시해 보세요.

❶ 有   y_____   있다, 가지고 있다

❷ 床   ch_____   침대

❸ 电脑   d_____n_____   컴퓨터

❹ 空调   k_____t_____   에어컨

❺ 手机   sh_____j____   핸드폰

맛있는 회화 다음 빈칸을 채운 후 말해 보세요.

누나 Nǐ yǒu nǚpéngyou ma?
너는 여자 친구가 있니?

동민 _____

나는 여자 친구가 없어.

_____

누나는 남자 친구가 있어, 없어?

누나 Wǒ yǒu nánpéngyou.
나는 남자 친구가 있어.

기초회화편

9과 我们都不去。 우리는 모두 가지 않아요.
Wǒmen dōu bú qù.

맛있는 **간체자**   제시된 획순에 따라 써보세요.

我们 wǒmen 때 우리들	一 一 于 手 我 我 我 丿 亻 亻 们 们			我 나아	們 들문
	我们 wǒmen	我们 wǒmen			

你们 nǐmen 때 너희들, 당신들	丿 亻 亻 亻 亻 你 你 丿 亻 亻 们 们			你 너니	們 들문
	你们 nǐmen	你们 nǐmen			

他们 tāmen 때 그들	丿 亻 亻 们 他 丿 亻 亻 们 们			他 남타	們 들문
	他们 tāmen	他们 tāmen			

她们 tāmen 때 그녀들	乚 女 女 她 她 她 丿 亻 亻 们 们			她 그녀타	們 들문
	她们 tāmen	她们 tāmen			

18 맛있는 중국어 Level ❶ 워크북

也	ㄱ �541 也				也 어조사 야
yě 튄 ~도, 또한	也 yě	也 yě			

都	一 十 土 耂 者 者 者 者 都 都				都 도읍 도
dōu 튄 모두	都 dōu	都 dōu			

学	⺁ ⺍ ⺍ ⺍ 学 学 学 学				學 배울 학
xué 튏 배우다	学 xué	学 xué			

买	⺀ ⺀ ⺀ 乛 买 买				買 살 매
mǎi 튏 사다	买 mǎi	买 mǎi			

听	ㅣ ㅁ ㅁ 吖 听 听 听				聽 들을 청
tīng 튏 듣다	听 tīng	听 tīng			

1 녹음을 듣고 해당되는 것들끼리 연결하고 성조를 표시하세요.

Track17

❶ 我们 •   • chi •   • 그들

❷ 你们 •   • tamen •   • 배우다

❸ 他们 •   • women •   • 너희들, 당신들

❹ 吃 •   • nimen •   • 우리들

❺ 学 •   • xue •   • 먹다

❻ 买 •   • ye •   • 가다

❼ 看 •   • mai •   • 모두

❽ 也 •   • qu •   • 사다

❾ 都 •   • kan •   • 보다

❿ 去 •   • dou •   • ~도, 또한

2 녹음을 듣고 빈칸을 채우세요.

Track18

❶ 我_____。

Wǒ _____.

❷ 我们_____。

Wǒmen _____.

❸ 他_____。

Tā _____.

❹ 她_____。

Tā _____.

1 다음 회화를 중국어로 말해 보세요.

[엄마] 나는 가는데, 너희들도 가니?

➡ _____

[동민] 우리는 모두 가지 않아요.

➡ _____

[엄마] 그들은 가니, 안 가니?

➡ _____

[동민] 그들도 모두 가지 않아요.

➡ _____

2 다음 질문에 중국어로 대답해 보세요.

❶ 你吃吗?
Nǐ chī ma?

_____

❷ 你看吗?
Nǐ kàn ma?

_____

❸ 你买吗?
Nǐ mǎi ma?

_____

❹ 你听不听?
Nǐ tīng bu tīng?

_____

❺ 你学不学?
Nǐ xué bu xué?

_____

哪个 好看? 어느 것이 예쁜가요?
Nǎge hǎokàn?

맛있는 **간체자**　　제시된 획순에 따라 써보세요.

这个 zhège 때 이것	` ﹁ ﹁ 文 文 议 这 丿 人 个				這 이 저	個 낱 개
	这个	这个				
	zhège	zhège				

那个 nàge 때 그것, 저것	丁 ヲ ヲ 月 那 那 丿 人 个				那 저 나	個 낱 개
	那个	那个				
	nàge	nàge				

哪个 nǎge 때 어느 것	l ll l 叮 叮 叨 呵 哪 哪 丿 人 个				哪 어느 나	個 낱 개
	哪个	哪个				
	nǎge	nǎge				

不太 bú tài 그다지 ~하지 않다, 별로 ~하지 않다	一 ﹁ 不 不 一 ナ 大 太				不 아닐 부/불	太 클 태
	不太	不太				
	bú tài	bú tài				

最 zuì 🔤 가장, 제일	I 口 日 旦 且 昌 昂 昂 昂 最 最				最 가장 최
	最 zuì	最 zuì			

贵 guì 🔤 비싸다	I 口 曰 弗 串 串 贵 贵				貴 귀할 귀
	贵 guì	贵 guì			

好看 hǎokàn 🔤 보기 좋다, 예쁘다	ㄑ 乄 女 女ˇ 好 好 一 二 三 王 看 看 看 看			好 좋을 호	看 볼 간
	好看 hǎokàn	好看 hǎokàn			

多 duō 🔤 많다	ノ ク タ タ 多 多				多 많을 다
	多 duō	多 duō			

困 kùn 🔤 졸리다	I 冂 冂 冈 冏 困 困				困 궁할 곤
	困 kùn	困 kùn			

1 녹음을 듣고 해당되는 것들끼리 연결하고 성조를 표시하세요.

Track19

① 这个 •　　• gui •　　• 이것

② 那个 •　　• nage •　　• 비싸다

③ 哪个 •　　• haokan •　　• 보기 좋다, 예쁘다

④ 贵 •　　• nage •　　• 그것, 저것

⑤ 好看 •　　• zhege •　　• 어느 것

⑥ 好吃 •　　• duo •　　• 맛있다[먹는 것]

⑦ 多 •　　• haochi •　　• 졸리다

⑧ 困 •　　• zui •　　• 대단히, 몹시

⑨ 非常 •　　• feichang •　　• 가장, 제일

⑩ 最 •　　• kun •　　• 많다

2 녹음을 듣고 빈칸을 채우세요.

Track20

① 中国人＿＿＿＿＿＿＿。

Zhōngguórén ＿＿＿＿＿＿＿.

② 我＿＿＿＿＿＿＿。

Wǒ ＿＿＿＿＿＿＿.

③ 这个＿＿＿＿＿＿＿＿＿。

Zhège ＿＿＿＿＿＿＿＿＿.

④ 那个＿＿＿＿＿＿＿＿＿。

Nàge ＿＿＿＿＿＿＿＿＿.

1 다음 회화를 중국어로 말해 보세요.

동민 이건 비싸, 안 비싸?

➡ _____

샤오잉 이건 그다지 비싸지 않아.

➡ _____

동민 어느 것이 예뻐?

➡ _____

샤오잉 저것이 제일 예뻐.

➡ _____

2 다음 질문에 중국어로 대답해 보세요.

❶ 你忙不忙?
Nǐ máng bu máng?

🎙 _____

❷ 你困吗?
Nǐ kùn ma?

🎙 _____

❸ 这个好不好喝?
Zhège hǎo bu hǎohē?

🎙 _____

❹ 哪个好看?
Nǎge hǎokàn?

🎙 _____

❺ 这个好看吗?
Zhège hǎokàn ma?

🎙 _____

你学什么? 당신은 무엇을 배워요?
Nǐ xué shénme?

맛있는 간체자 제시된 획순에 따라 써보세요.

什么 shénme 떼 무엇, 무슨	ノ イ 仁 什 ノ 乙 么				什 열 사람 십	麼 그런가 마
	什么 shénme	什么 shénme				

怎么样 zěnmeyàng 떼 어떠하다	ノ 仁 午 午 乍 乍 怎 怎 怎 | ノ 乙 么 一 十 十 木 术 杧 杧 栏 栏 样			怎 어찌 즘	麼 그런가 마	樣 모양 양
	怎么样 zěnmeyàng	怎么样 zěnmeyàng				

汉语 Hànyǔ 몜 중국어	丶 丶 氵 汀 汉 丶 讠 讠 讠 讶 语 语 语 语				漢 한나라 한	語 말씀 어
	汉语 Hànyǔ	汉语 Hànyǔ				

有意思 yǒu yìsi 재미있다	一 ナ 才 冇 冇 有 丶 亠 亠 立 产 产 音 音 音 音 意 意 意 | 冂 冂 日 田 田 甲 思 思 思			有 있을 유	意 뜻 의	思 생각 사
	有意思 yǒu yìsi	有意思 yǒu yìsi				

| 写 xiě ⑧ 쓰다 | ` 宀 宀 写 写 | | | | 寫 베낄 사 |
| | 写 xiě | 写 xiě | | | |

| 汉字 Hànzì 명 한자 | ` 冫 氵 汈 汉 <br> ` 宀 宀 宁 字 字 | | | | 漢 한나라 한 | 字 글자 자 |
| | 汉字 Hànzì | 汉字 Hànzì | | | |

| 做菜 zuò cài 요리를 하다 | ノ 亻 亻 什 什 估 估 佔 佔 做 做
 一 艹 艹 艹 节 莁 荳 莩 菜 菜 | | | | 做 지을 주 | 菜 나물 채 |
| | 做菜 zuò cài | 做菜 zuò cài | | | |

| 茶 chá 명 차[음료] | 一 艹 艹 艿 茅 芩 苶 茶 茶 | | | | 茶 차 다/차 |
| | 茶 chá | 茶 chá | | | |

| 说 shuō ⑧ 말하다 | ` 讠 讠 讠 讱 讱 说 说 说 | | | | 說 말씀 설 |
| | 说 shuō | 说 shuō | | | |

1 녹음을 듣고 해당되는 것들끼리 연결하고 성조를 표시하세요.

Track21

❶	汉语 •	•	Hanyu	•	•	어떠하다
❷	怎么样 •	•	you yisi	•	•	케이크
❸	有意思 •	•	dangao	•	•	차[음료]
❹	茶 •	•	cha	•	•	재미있다
❺	蛋糕 •	•	zenmeyang	•	•	중국어
❻	说 •	•	chi fan	•	•	말하다
❼	汉字 •	•	shuo	•	•	한자
❽	做菜 •	•	zuo cai	•	•	한국어
❾	韩(国)语 •	•	Hanzi	•	•	밥을 먹다, 식사하다
❿	吃饭 •	•	Han(guo)yu	•	•	요리를 하다

2 녹음을 듣고 빈칸을 채우세요.

Track22

❶ 他_____。

Tā _____.

❷ 我_____。

Wǒ _____.

❸ 他_____。

Tā _____.

❹ 我_____。

Wǒ _____.

1 다음 회화를 중국어로 말해 보세요.

샤오잉 너는 무엇을 배우니?

➡ _____

동민 나는 중국어를 배워.

➡ _____

샤오잉 중국어는 어때?

➡ _____

동민 매우 재미있어.

➡ _____

2 다음 질문에 중국어로 대답해 보세요.

❶ 你喝什么?
Nǐ hē shénme?

🎤 _____

❷ 你买什么?
Nǐ mǎi shénme?

🎤 _____

❸ 你做菜吗?
Nǐ zuò cài ma?

🎤 _____

❹ 你看电视吗?
Nǐ kàn diànshì ma?

🎤 _____

❺ 你喝茶吗?
Nǐ hē chá ma?

🎤 _____

她是谁? 그녀는 누구예요?

Tā shì shéi?

맛있는 **간체자**

제시된 획순에 따라 써보세요.

谁 shéi(shuí) 때 누구	` 讠 讠 讠 讠 讠 讠 讠 讠 讠 讠 讠 讠 谁 谁				谁 누구 수
	谁 shéi(shuí)	谁 shéi(shuí)			

朋友 péngyou 명 친구	丿 刀 月 月 月' 朋 朋 朋 一 ナ 方 友			朋 벗 붕	友 벗 우
	朋友 péngyou	朋友 péngyou			

的 de 조 ~의, ~한	' 亻 自 自 自 自 自 的 的 的				的 과녁 적
	的 de	的 de			

同学 tóngxué 명 학우, 학교 친구	丨 冂 冂 同 同 同 ` `` ``' ``'' ``''' 学 学 学 学			同 같을 동	學 배울 학
	同学 tóngxué	同学 tóngxué			

医生 yīshēng 몡 의사	一 ア テ テ モ 丟 医 丿 广 仁 牛 生 医生　医生 yīshēng　yīshēng				醫 의원 의	生 날 생
护士 hùshi 몡 간호사	一 扌 扌 扩 扩 护 护 一 十 士 护士　护士 hùshi　hùshi				護 지킬 호	士 선비 사
中国 Zhōngguó 고유 중국	丨 冂 口 中 丨 冂 冂 冃 闬 用 国 国 国 中国　中国 Zhōngguó　Zhōngguó				中 가운데 중	國 나라 국
家 jiā 몡 집	丶 丶 广 宁 宁 宇 家 家 家 家 家　家 jiā　jiā					家 집 가
电影 diànyǐng 몡 영화	丨 冂 冂 日 电 丨 冂 冂 目 旦 旦 昙 县 県 暑 景 景 景 影 影 电影　电影 diànyǐng　diànyǐng				電 번개 전	影 그림자 영

1 녹음을 듣고 해당되는 것들끼리 연결하고 성조를 표시하세요.

Track23

❶	谁	•	•	de	•	•	간호사
❷	的	•	•	yisheng	•	•	의사
❸	同学	•	•	shei(shui)	•	•	누구
❹	医生	•	•	hushi	•	•	~의, ~한
❺	护士	•	•	tongxue	•	•	학우, 학교 친구
❻	朋友	•	•	laoshi	•	•	친구
❼	女朋友	•	•	nüpengyou	•	•	선생님
❽	老师	•	•	Zhongguo	•	•	중국
❾	中国	•	•	pengyou	•	•	집
❿	家	•	•	jia	•	•	여자 친구

2 녹음을 듣고 빈칸을 채우세요.

Track24

❶ 她是＿＿＿＿＿＿＿。

Tā shì ＿＿＿＿＿＿＿.

❷ 他们都是＿＿＿＿＿＿＿。

Tāmen dōu shì ＿＿＿＿＿＿＿.

❸ 他是＿＿＿＿＿＿＿＿＿。

Tā shì ＿＿＿＿＿＿＿＿＿.

❹ 他是＿＿＿＿＿＿＿。

Tā shì ＿＿＿＿＿＿＿.

1 다음 회화를 중국어로 말해 보세요.

누나 그녀는 누구니?

➡ _____

동민 그녀는 내 친구야.

➡ _____

누나 그녀는 너의 여자 친구니, 아니니?

➡ _____

동민 그녀는 내 여자 친구가 아니야.

➡ _____

2 다음 질문에 중국어로 대답해 보세요.

❶ 她是谁?
Tā shì shéi?

🎤 _____

❷ 她是不是你的朋友?
Tā shì bu shì nǐ de péngyou?

🎤 _____

❸ 你是医生吗?
Nǐ shì yīshēng ma?

🎤 _____

❹ 他是你哥哥吗?
Tā shì nǐ gēge ma?

🎤 _____

❺ 你是学生吗?
Nǐ shì xuésheng ma?

🎤 _____

咖啡店在哪儿? 카페는 어디에 있나요?
Kāfēidiàn zài nǎr?

맛있는 간체자 제시된 획순에 따라 써보세요.

这儿 zhèr 대 여기, 이곳	丶 亠 亣 文 这 这 丿 儿				這 이 저	兒 아이 아
	这儿 zhèr	这儿 zhèr				

那儿 nàr 대 거기, 저기, 그곳, 저곳	丁 刁 刁 用 那 那 丿 儿				那 저 나	兒 아이 아
	那儿 nàr	那儿 nàr				

咖啡店 kāfēidiàn 명 카페, 커피숍	丨 冂 叮 咖 咖 咖 咖 丨 冂 叮 叻 啡 啡 啡 啡 啡 丶 亠 广 广 庐 店 店			咖 커피 가	啡 커피 배	店 가게 점
	咖啡店 kāfēidiàn	咖啡店 kāfēidiàn				

图书馆 túshūguǎn 명 도서관	丨 冂 冂 冈 冈 图 图 图 丨 一 彐 书 书 丶 ⺈ 饣 饣 饣 饣 馆 馆 馆		圖 그림 도	書 글 서	館 집 관
	图书馆 túshūguǎn	图书馆 túshūguǎn			

网吧 wǎngbā 몡 PC방	ㅣ 冂 冂 冈 网 网 ㅣ 𠃌 吕 吕 吕 吧 吧				網 그물 망	吧 아이 다툴 파
	网吧	网吧				
	wǎngbā	wǎngbā				

首尔 Shǒu'ěr 고유 서울	ㆍ ㅛ 丷 并 首 首 首 首 ㅣ ㅅ ㅄ 尔 尔				首 머리 수	爾 너 이
	首尔	首尔				
	Shǒu'ěr	Shǒu'ěr				

银行 yínháng 몡 은행	ㅣ ㅄ ㅌ ㅌ 钅 钅 钅 铲 银 银 银 ㅅ ㅅ 彳 彳 行 行				銀 은 은	行 다닐 행
	银行	银行				
	yínháng	yínháng				

书店 shūdiàn 몡 서점	ㄱ ㅋ 书 书 ㆍ 广 广 广 庐 店 店				書 글 서	店 가게 점
	书店	书店				
	shūdiàn	shūdiàn				

医院 yīyuàn 몡 병원	ㅡ ㄷ ㄷ 天 医 医 ㄱ 阝 阝 阝 阡 阵 陀 院 院				醫 의원 의	院 집 원
	医院	医院				
	yīyuàn	yīyuàn				

1 녹음을 듣고 해당되는 것들끼리 연결하고 성조를 표시하세요.

Track25

❶ 咖啡店 •	• shudian •	• 카페, 커피숍
❷ 书店 •	• xie •	• 여기, 이곳
❸ 网吧 •	• zher •	• PC방
❹ 鞋 •	• wangba •	• 서점
❺ 这儿 •	• kafeidian •	• 신발
❻ 那儿 •	• Maidanglao •	• 거기, 저기, 그곳, 저곳
❼ 釜山 •	• nar •	• 부산
❽ 麦当劳 •	• Xingbake •	• 서울
❾ 星巴克 •	• Shou'er •	• 스타벅스
❿ 首尔 •	• Fushan •	• 맥도날드

2 녹음을 듣고 빈칸을 채우세요.

Track26

❶ 我＿＿＿＿＿＿＿＿。

　Wǒ ＿＿＿＿＿＿＿＿＿.

❷ 我＿＿＿＿＿＿＿＿。

　Wǒ ＿＿＿＿＿＿＿＿＿.

❸ 我家＿＿＿＿＿＿＿。

　Wǒ jiā ＿＿＿＿＿＿＿＿.

❹ 你的书＿＿＿＿＿＿＿。

　Nǐ de shū ＿＿＿＿＿＿＿＿.

1 다음 회화를 중국어로 말해 보세요.

> **샤오잉** 너는 어디 가니?
>
> ➡ _____
>
> **동민** 나는 카페에 가.
>
> ➡ _____
>
> **샤오잉** 카페는 어디 있어?
>
> ➡ _____
>
> **동민** 바로 저기 있어.
>
> ➡ _____

2 다음 질문에 중국어로 대답해 보세요.

❶ 你去哪儿?
Nǐ qù nǎr?
🎤 _____

❷ 你去图书馆吗?
Nǐ qù túshūguǎn ma?
🎤 _____

❸ 你的手机在哪儿?
Nǐ de shǒujī zài nǎr?
🎤 _____

❹ 你家在哪儿?
Nǐ jiā zài nǎr?
🎤 _____

❺ 你们学校在哪儿?
Nǐmen xuéxiào zài nǎr?
🎤 _____

现在几点? 지금 몇 시예요?
Xiànzài jǐ diǎn?

맛있는 **간체자**   제시된 획순에 따라 써보세요.

现在 xiànzài 명 지금, 현재	一 二 **F F 到 玑 现** 现 一 **ナ ナ ナ 在 在**				现 나타날 현	在 있을 재
	现在 xiànzài	现在 xiànzài				

几 jǐ 대 몇	**丿 几**				幾 얼마 기
	几 jǐ	几 jǐ			

点 diǎn 양 (시각의) 시	**丨 丨 F 卢 占 卢 点 点** 点				點 점 점
	点 diǎn	点 diǎn			

分 fēn 양 (시간의) 분	**丿 八 分 分**				分 나눌 분
	分 fēn	分 fēn			

半 bàn ㊐ 반, 절반	` ` ˊ ˋ ⺍ ⺌ 半				半 절반 반
	半 bàn	半 bàn			

上课 shàng kè ㊌ 수업하다	｜ 𠄌 上 ` ⻌ ⻌ ⻌ 评 评 评 课 课 课				上 위 상	课 시험할 과
	上课 shàng kè	上课 shàng kè				

下课 xià kè ㊌ 수업을 마치다, 수업이 끝나다	⼀ 丁 下 ` ⻌ ⻌ ⻌ 评 评 评 课 课 课				下 아래 하	课 시험할 과
	下课 xià kè	下课 xià kè				

起床 qǐ chuáng ㊌ 일어나다, 기상하다	⼀ ⼟ ⼟ 丰 丰 击 走 起 起 起 丶 ⼀ 广 广 庁 床 床				起 일어날 기	床 평상 상
	起床 qǐ chuáng	起床 qǐ chuáng				

睡觉 shuì jiào ㊌ 잠자다	｜ ⼌ ⺆ ⺆ ⺆ ⺆ 盰 盰 盰 睡 睡 睡 睡 ` ` ⺍ ⺍ 学 学 学 觉 觉				睡 잠잘 수	觉 깰 교
	睡觉 shuì jiào	睡觉 shuì jiào				

1 녹음을 듣고 해당되는 것들끼리 연결하고 성조를 표시하세요.

Track27

❶	现在	•	•	xia ke	•	•	수업하다
❷	点	•	•	fen	•	•	(시간의) 분
❸	分	•	•	xianzai	•	•	지금, 현재
❹	上课	•	•	dian	•	•	수업을 마치다, 수업이 끝나다
❺	下课	•	•	shang ke	•	•	(시각의) 시
❻	睡觉	•	•	xia ban	•	•	점심(밥)
❼	补习班	•	•	wufan	•	•	학원
❽	午饭	•	•	buxiban	•	•	퇴근하다
❾	上班	•	•	shui jiao	•	•	출근하다
❿	下班	•	•	shang ban	•	•	잠자다

2 녹음을 듣고 빈칸을 채우세요.

Track28

❶ 我＿＿＿＿＿＿＿＿＿上课。

Wǒ ＿＿＿＿＿＿＿＿＿＿＿ shàng kè.

❷ 我＿＿＿＿＿＿＿＿＿下班。

Wǒ ＿＿＿＿＿＿＿＿＿＿＿ xià bān.

❸ 我＿＿＿＿＿＿＿＿＿起床。

Wǒ ＿＿＿＿＿＿＿＿＿＿ qǐ chuáng.

❹ 我＿＿＿＿＿＿＿＿＿＿吃午饭。

Wǒ ＿＿＿＿＿＿＿＿＿＿＿＿ chī wǔfàn.

1 다음 회화를 중국어로 말해 보세요.

샤오잉 지금 몇 시야?

➡ _____

동민 지금 3시야.

➡ _____

샤오잉 너는 몇 시에 수업이 끝나?

➡ _____

동민 나는 5시 반에 수업이 끝나.

➡ _____

2 다음 질문에 중국어로 대답해 보세요.

❶ 现在几点?
Xiànzài jǐ diǎn?

🎤 _____

❷ 你几点起床?
Nǐ jǐ diǎn qǐ chuáng?

🎤 _____

❸ 你几点上课[上班]?
Nǐ jǐ diǎn shàng kè [shàng bān]?

🎤 _____

❹ 你几点下课[下班]?
Nǐ jǐ diǎn xià kè [xià bān]?

🎤 _____

❺ 你几点睡觉?
Nǐ jǐ diǎn shuì jiào?

🎤 _____

这儿有什么? 여기에는 무엇이 있나요?

Zhèr yǒu shénme?

맛있는 간체자 제시된 획순에 따라 써보세요.

热狗
règǒu
뗑 핫도그

一 𠂇 寸 扏 执 执 执 热 热 热
丿 犭 犭 犭 犭 狗 狗 狗

熱	狗
더울 열	개 구

热狗	热狗		
règǒu	règǒu		

汉堡包
hànbǎobāo
뗑 햄버거

丶 ㇀ 氵 汈 汉
丿 亻 伊 伊 伊 保 保 保 堡 堡
丿 勹 勺 匀 包

漢	堡	包
한나라 한	작은 성 보	쌀 포

汉堡包	汉堡包	
hànbǎobāo	hànbǎobāo	

三明治
sānmíngzhì
뗑 샌드위치

一 二 三 丨 丨 刀 用 日 旪 明 明 明
丶 氵 氵 氵 沪 沪 治 治

三	明	治
석 삼	밝을 명	다스릴 치

三明治	三明治	
sānmíngzhì	sānmíngzhì	

对不起
duìbuqǐ
뗑 죄송합니다,
미안합니다

㇇ 又 対 对 对 丨 一 丆 不 不
一 十 土 丰 丰 走 起 起 起

對	不	起
대할 대	아닐 부/불	일어날 기

对不起	对不起	
duìbuqǐ	duìbuqǐ	

和	一 二 千 千 禾 禾 和 和 和				和 화목할 화
hé 접 ~와/과	和 hé	和 hé			

铅笔	ノ ト ヒ ヒ 钅 钌 钌 铅 铅 铅 ノ ト ゲ ゲ 竺 竺 竺 竺 竺 笔				鉛 筆 납 연 붓 필
qiānbǐ 명 연필	铅笔 qiānbǐ	铅笔 qiānbǐ			

手机	一 二 三 手 一 十 才 木 机 机				手 機 손 수 틀 기
shǒujī 명 핸드폰	手机 shǒujī	手机 shǒujī			

娃娃	ㄑ 女 女 女 妒 妒 娃 娃 娃				娃 娃 예쁠 와 예쁠 와
wáwa 명 인형	娃娃 wáwa	娃娃 wáwa			

电视	丨 冂 日 目 电 丶 ㇀ ㇏ ㇏ 礻 视 视 视				電 視 번개 전 볼 시
diànshì 명 텔레비전, TV	电视 diànshì	电视 diànshì			

1 녹음을 듣고 해당되는 것들끼리 연결하고 성조를 표시하세요.

Track29

❶ 热狗 •	• duibuqi •	• ~와/과
❷ 汉堡包 •	• sanmingzhi •	• 죄송합니다, 미안합니다
❸ 三明治 •	• regou •	• 햄버거
❹ 对不起 •	• he •	• 핫도그
❺ 和 •	• hanbaobao •	• 샌드위치
❻ 英语 •	• zhuozi •	• 영어
❼ 铅笔 •	• dianshi •	• 텔레비전, TV
❽ 电视 •	• qianbi •	• 연필
❾ 椅子 •	• yizi •	• 탁자, 테이블
❿ 桌子 •	• Yingyu •	• 의자

2 녹음을 듣고 빈칸을 채우세요.

Track30

❶ 这儿＿＿＿＿＿＿＿＿＿＿。

Zhèr ＿＿＿＿＿＿＿＿＿＿＿.

❷ 这儿＿＿＿＿＿＿＿＿＿＿。

Zhèr ＿＿＿＿＿＿＿＿＿＿＿.

❸ 那儿＿＿＿＿＿＿＿＿＿＿。

Nàr ＿＿＿＿＿＿＿＿＿＿＿.

❹ 那儿＿＿＿＿＿＿＿＿＿＿。

Nàr ＿＿＿＿＿＿＿＿＿＿＿.

1 다음 회화를 중국어로 말해 보세요.

동민 여기에 핫도그가 있어요?

➡ _____

종업원 죄송합니다만, 여기에 핫도그는 없어요.

➡ _____

동민 여기에는 무엇이 있나요?

➡ _____

종업원 햄버거와 샌드위치가 있어요.

➡ _____

> 여기에는
> 무엇이 있나요?

2 다음 질문에 중국어로 대답해 보세요.

❶ 你有哥哥吗?
Nǐ yǒu gēge ma?

🎤 _____

❷ 你有没有中国朋友?
Nǐ yǒu méiyǒu Zhōngguó péngyou?

🎤 _____

❸ 你有汉语书吗?
Nǐ yǒu Hànyǔ shū ma?

🎤 _____

❹ 这儿有什么?
Zhèr yǒu shénme?

🎤 _____

❺ 这儿有没有电脑?
Zhèr yǒu méiyǒu diànnǎo?

🎤 _____

给我们两杯可乐。 우리에게 콜라 두 잔 주세요.
Gěi wǒmen liǎng bēi kělè.

맛있는 간체자   제시된 획순에 따라 써보세요.

要 yào ⑧ 원하다, 필요하다	一 广 广 币 两 两 要 要 要				要 요긴할 **요**
	要 yào	要 yào			

给 gěi ⑧ 주다	㇀ 纟 纟 纟 纟 给 给 给				給 줄 급
	给 gěi	给 gěi			

请 qǐng ⑧ ~하세요, ~해 주십시오	㇀ 讠 讠 讠 讠 请 请 请 请				請 청할 **청**
	请 qǐng	请 qǐng			

等 děng ⑧ 기다리다	㇀ 广 广 广 竹 竹 竺 笙 笙 竿 等 等				等 무리 등
	等 děng	等 děng			

个 gè 양 개, 명	ノ 个 个				個 낱 개
	个 gè	个 gè			

杯 bēi 양 잔, 컵	一 十 オ 木 杧 杧 杯 杯				杯 잔 배
	杯 bēi	杯 bēi			

瓶 píng 양 병	丶 丷 丷 丷 羊 并 并 抸 瓶 瓶				瓶 병 병
	瓶 píng	瓶 píng			

碗 wǎn 양 공기, 그릇	一 丆 石 石 矴 矿 矿 碗 碗 碗 碗 碗				碗 사발 완
	碗 wǎn	碗 wǎn			

本 běn 양 권	一 十 才 木 本				本 근본 본
	本 běn	本 běn			

맛있는 단어

1 녹음을 듣고 해당되는 것들끼리 연결하고 성조를 표시하세요.

Track31

❶ 给 •   • gei •   • 잔, 컵

❷ 两 •   • qing •   • ~하세요, ~해 주십시오

❸ 杯 •   • deng •   • 2, 둘

❹ 请 •   • liang •   • 주다

❺ 等 •   • bei •   • 기다리다

❻ 一下 •   • haizi •   • 병[병에 담긴 것을 세는 단위]

❼ 件 •   • ge •   • 한 번, 잠시

❽ 孩子 •   • yixia •   • 벌[옷을 세는 단위]

❾ 个 •   • jian •   • 개, 명

❿ 瓶 •   • ping •   • 아이

2 녹음을 듣고 빈칸을 채우세요.

Track32

❶ 给我们＿＿＿＿＿＿＿＿＿。

Gěi wǒmen ＿＿＿＿＿＿＿＿＿＿.

❷ 我有＿＿＿＿＿＿＿＿＿。

Wǒ yǒu ＿＿＿＿＿＿＿＿＿＿.

❸ 那儿有＿＿＿＿＿＿＿＿＿。

Nàr yǒu ＿＿＿＿＿＿＿＿＿＿.

❹ 这儿有＿＿＿＿＿＿＿＿＿。

Zhèr yǒu ＿＿＿＿＿＿＿＿＿＿.

1 다음 회화를 중국어로 말해 보세요.

동민 햄버거 두 개 주세요.

➡ _____

종업원 무엇을 마시겠습니까?

➡ _____

동민 콜라 두 잔 주세요.

➡ _____

종업원 네, 잠시만 기다리세요.

➡ _____

2 다음 질문에 중국어로 대답해 보세요.

❶ 你吃什么?
Nǐ chī shénme?

_____

❷ 你喝什么?
Nǐ hē shénme?

_____

❸ 你有几本书?
Nǐ yǒu jǐ běn shū?

_____

❹ 你喝几瓶啤酒?
Nǐ hē jǐ píng píjiǔ?

_____

❺ 你有几支铅笔?
Nǐ yǒu jǐ zhī qiānbǐ?

_____

정답

과 **Nǐ hǎo!**
안녕하세요!

 발음

❶ ā　　á　　ǎ　　à
❷ ī　　í　　ǐ　　ì
❸ ē　　é　　ě　　è
❹ ō　　ó　　ǒ　　ò
❺ mā　　má　　mǎ　　mà
❻ nī　　ní　　nǐ　　nì
❼ kū　　kú　　kǔ　　kù

맛있는 단어

❶ nǐ　　❷ hǎo　　❸ māma　　❹ bàba

맛있는 회화

샤오잉 Nǐ hǎo!
동민 Nǐ hǎo!
샤오잉 Zàijiàn.
동민 Zàijiàn.

과 **Nǐ máng ma?**
당신은 바빠요?

맛있는 발음

❶ ài　　❷ hǎo　　❸ kàn　　❹ máng
❺ gǒu　　❻ dǒng　　❼ hēi　　❽ mén
❾ téng　　❿ èr

맛있는 단어

❶ hěn　　❷ bù　　❸ gāo
❹ kě　　❺ è

맛있는 회화

엄마 Nǐ máng ma?
동민 Wǒ hěn máng.
엄마 Nǐ lèi ma?
동민 Wǒ bú lèi.

3과 **Kàn bu kàn?**
봐요, 안 봐요?

맛있는 발음

❶ bā　　❷ pǎo　　❸ mǎi　　❹ fàn
❺ dǒng　　❻ nán　　❼ lěng　　❽ gāo
❾ kāi　　❿ hē

맛있는 단어

❶ lái　　❷ tā　　❸ yě
❹ tīng　　❺ mǎi

맛있는 회화

샤오잉 Nǐ kàn ma?
동민 Wǒ bú kàn.
샤오잉 Tā kàn bu kàn?
동민 Tā yě bú kàn.

4과 **Wǒ shì xuésheng.**
나는 학생입니다.

맛있는 발음

❶ jiā　　❷ qī　　❸ xī　　❹ zhè
❺ chī　　❻ shū　　❼ rè　　❽ zǎo
❾ cài　　❿ sì

맛있는 단어

❶ tāmen　　❷ shì　　❸ xuésheng
❹ dōu　　❺ lǎoshī

맛있는 회화

동민 Nǐ shì xuésheng ma?
학생 Shì, wǒ shì xuésheng.
동민 Tāmen yě shì xuésheng ma?
학생 Bú shì, tāmen dōu shì lǎoshī.

Wǒmen chī bǐsà.
우리 피자 먹어요.

맛있는 발음

❶ xià ❷ xié ❸ xiǎo ❹ yào
❺ jiǔ ❻ liǎn ❼ jiāng ❽ xióng
❾ xìn ❿ píng

맛있는 단어

❶ chī ❷ miànbāo ❸ kāfēi
❹ niúnǎi ❺ wǒmen

맛있는 회화

누나 Wǒ hěn è.
동민 Wǒmen chī bǐsà.
누나 Nǐ hē kāfēi ma?
동민 Bù, wǒ hē kělè.

 Zhè shì shénme?
이것은 뭐예요?

맛있는 발음

❶ huà ❷ wáwa ❸ duō ❹ wǒ
❺ kuài ❻ duǎn ❼ zhuàng
❽ guì ❾ chūntiān ❿ wēng

맛있는 단어

❶ zhè ❷ shénme ❸ shuǐguǒ
❹ shūbāo ❺ yīfu

맛있는 회화

선생님 Zhè shì shénme?
동민 Zhè shì shū.
선생님 Nà shì shénme?
동민 Nà shì běnzi.

Nǐ qù nǎr?
당신은 어디에 가나요?

맛있는 발음

❶ júzi ❷ jūnduì ❸ qù
❹ qúnzi ❺ xué ❻ xuǎnzé
❼ nǚháir ❽ lùchá ❾ yīyuàn
❿ yínháng

맛있는 단어

❶ nǎr ❷ xuéxiào ❸ túshūguǎn
❹ chāoshì ❺ fànguǎnr

맛있는 회화

엄마 Nǐ qù nǎr?
동민 Wǒ qù xuéxiào.
엄마 Gēge zài nǎr?
동민 Tā zài gōngsī.

 Nǐ yǒu nǚpéngyou ma?
당신은 여자 친구가 있어요?

맛있는 발음

❶ bīngxiāng ❷ qiānbǐ ❸ yīnyuè
❹ míngtiān ❺ niúnǎi ❻ xuésheng
❼ nǚ'ér ❽ shuǐguǒ ❾ kělè
❿ miànbāo ⓫ miàntiáo ⓬ Hànzì

맛있는 단어

❶ yǒu ❷ chuáng ❸ diànnǎo
❹ kōngtiáo ❺ shǒujī

맛있는 회화

누나 Nǐ yǒu nǚpéngyou ma?
동민 Wǒ méiyǒu nǚpéngyou.
　　 Nǐ yǒu méiyǒu nánpéngyou?
누나 Wǒ yǒu nánpéngyou.

我们都不去。
우리는 모두 가지 않아요.

9과

맛있는 단어

1. ❶ 我们 – wǒmen – 우리들
   ❷ 你们 – nǐmen – 너희들, 당신들
   ❸ 他们 – tāmen – 그들
   ❹ 吃 – chī – 먹다
   ❺ 学 – xué – 배우다
   ❻ 买 – mǎi – 사다
   ❼ 看 – kàn – 보다
   ❽ 也 – yě – ~도, 또한
   ❾ 都 – dōu – 모두
   ❿ 去 – qù – 가다

2. ❶ 我学。
   Wǒ xué.

   ❷ 我们都看。
   Wǒmen dōu kàn.

   ❸ 他听。
   Tā tīng.

   ❹ 她买。
   Tā mǎi.

맛있는 회화

1. 엄마 我去, 你们也去吗？
   동민 我们都不去。
   엄마 他们去不去？
   동민 他们也都不去。

2. [참고 답안]
   ❶ 我吃。
   ❷ 我不看。
   ❸ 我不买。
   ❹ 我听。
   ❺ 我不学。

哪个好看？
어느 것이 예쁜가요?

10과

맛있는 단어

1. ❶ 这个 – zhège – 이것
   ❷ 那个 – nàge – 그것, 저것
   ❸ 哪个 – nǎge – 어느 것
   ❹ 贵 – guì – 비싸다
   ❺ 好看 – hǎokàn – 보기 좋다, 예쁘다
   ❻ 好吃 – hǎochī – 맛있다[먹는 것]
   ❼ 多 – duō – 많다
   ❽ 困 – kùn – 졸리다
   ❾ 非常 – fēicháng – 대단히, 몹시
   ❿ 最 – zuì – 가장, 제일

2. ❶ 中国人很多。
   Zhōngguórén hěn duō.

   ❷ 我不困。
   Wǒ bú kùn.

   ❸ 这个很好吃。
   Zhège hěn hǎochī.

   ❹ 那个不好喝。
   Nàge bù hǎohē.

맛있는 회화

1. 동민 这个贵不贵？
   샤오잉 这个不太贵。
   동민 哪个好看？
   샤오잉 那个最好看。

2. [참고 답안]
   ❶ 我不忙。
   ❷ 我很困。
   ❸ 这个很好喝。
   ❹ 那个最好看。
   ❺ 这个不好看。

你学什么?
당신은 무엇을 배워요?

1 ❶ 汉语 – Hànyǔ – 중국어
   ❷ 怎么样 – zěnmeyàng – 어떠하다
   ❸ 有意思 – yǒu yìsi – 재미있다
   ❹ 茶 – chá – 차[음료]
   ❺ 蛋糕 – dàngāo – 케이크
   ❻ 说 – shuō – 말하다
   ❼ 汉字 – Hànzì – 한자
   ❽ 做菜 – zuò cài – 요리를 하다
   ❾ 韩(国)语 – Hán(guó)yǔ – 한국어
   ❿ 吃饭 – chī fàn – 밥을 먹다, 식사하다

2 ❶ 他写汉字。
     Tā xiě Hànzì.

   ❷ 我买面包。
     Wǒ mǎi miànbāo.

   ❸ 他说汉语。
     Tā shuō Hànyǔ.

   ❹ 我吃饭。
     Wǒ chī fàn.

1 샤오잉 你学什么?
   동민 我学汉语。
   샤오잉 汉语怎么样?
   동민 很有意思。

2 [참고 답안]
   ❶ 我喝咖啡。
   ❷ 我买蛋糕。
   ❸ 我做菜。
   ❹ 我不看电视。
   ❺ 我不喝茶。

她是谁?
그녀는 누구예요?

1 ❶ 谁 – shéi(shuí) – 누구
   ❷ 的 – de – ~의, ~한
   ❸ 同学 – tóngxué – 학우, 학교 친구
   ❹ 医生 – yīshēng – 의사
   ❺ 护士 – hùshi – 간호사
   ❻ 朋友 – péngyou – 친구
   ❼ 女朋友 – nǚpéngyou – 여자 친구
   ❽ 老师 – lǎoshī – 선생님
   ❾ 中国 – Zhōngguó – 중국
   ❿ 家 – jiā – 집

2 ❶ 她是老师。
     Tā shì lǎoshī.

   ❷ 他们都是学生。
     Tāmen dōu shì xuésheng.

   ❸ 他是我的弟弟。
     Tā shì wǒ de dìdi.

   ❹ 他是医生。
     Tā shì yīshēng.

1 누나 她是谁?
   동민 她是我朋友。
   누나 她是不是你的女朋友?
   동민 她不是我的女朋友。

2 [참고 답안]
   ❶ 她是我的老师。
   ❷ 她不是我的朋友。
   ❸ 我是医生。
   ❹ 他不是我(的)哥哥，是我(的)同学。
   ❺ 我是学生。

13과 咖啡店在哪儿?
카페는 어디에 있나요?

맛있는 단어

1. ❶ 咖啡店 – kāfēidiàn – 카페, 커피숍
   ❷ 书店 – shūdiàn – 서점
   ❸ 网吧 – wǎngbā – PC방
   ❹ 鞋 – xié – 신발
   ❺ 这儿 – zhèr – 여기, 이곳
   ❻ 那儿 – nàr – 거기, 저기, 그곳, 저곳
   ❼ 釜山 – Fǔshān – 부산
   ❽ 麦当劳 – Màidāngláo – 맥도날드
   ❾ 星巴克 – Xīngbākè – 스타벅스
   ❿ 首尔 – Shǒu'ěr – 서울

2. ❶ 我去网吧。
   Wǒ qù wǎngbā.

   ❷ 我去书店。
   Wǒ qù shūdiàn.

   ❸ 我家在首尔。
   Wǒ jiā zài Shǒu'ěr.

   ❹ 你的书在这儿。
   Nǐ de shū zài zhèr.

맛있는 회화

1. 샤오잉 你去哪儿?
   동민 我去咖啡店。
   샤오잉 咖啡店在哪儿?
   동민 就在那儿。

2. [참고 답안]
   ❶ 我去超市。
   ❷ 我不去图书馆。
   ❸ 我的手机在这儿。
   ❹ 我家在釜山。
   ❺ 我们学校在首尔。

14과 现在几点?
지금 몇 시예요?

맛있는 단어

1. ❶ 现在 – xiànzài – 지금, 현재
   ❷ 点 – diǎn – (시각의) 시
   ❸ 分 – fēn – (시간의) 분
   ❹ 上课 – shàng kè – 수업하다
   ❺ 下课 – xià kè – 수업을 마치다, 수업이 끝나다
   ❻ 睡觉 – shuì jiào – 잠자다
   ❼ 补习班 – bǔxíbān – 학원
   ❽ 午饭 – wǔfàn – 점심(밥)
   ❾ 上班 – shàng bān – 출근하다
   ❿ 下班 – xià bān – 퇴근하다

2. ❶ 我两点三刻上课。
   Wǒ liǎng diǎn sān kè shàng kè.

   ❷ 我六点半下班。
   Wǒ liù diǎn bàn xià bān.

   ❸ 我九点十分起床。
   Wǒ jiǔ diǎn shí fēn qǐ chuáng.

   ❹ 我十二点零五分吃午饭。
   Wǒ shí'èr diǎn líng wǔ fēn chī wǔfàn.

맛있는 회화

1. 샤오잉 现在几点?
   동민 现在三点。
   샤오잉 你几点下课?
   동민 我五点半下课。

2. [참고 답안]
   ❶ 现在七点半。
   ❷ 我六点起床。
   ❸ 我十点上课。/ 我九点上班。
   ❹ 我四点下课。/ 我六点下班。
   ❺ 我十二点睡觉。

15과 这儿有什么?
여기에는 무엇이 있나요?

맛있는 단어

1 ❶ 热狗 – règǒu – 핫도그
  ❷ 汉堡包 – hànbǎobāo – 햄버거
  ❸ 三明治 – sānmíngzhì – 샌드위치
  ❹ 对不起 – duìbuqǐ – 죄송합니다, 미안합니다
  ❺ 和 – hé – ~와/과
  ❻ 英语 – Yīngyǔ – 영어
  ❼ 铅笔 – qiānbǐ – 연필
  ❽ 电视 – diànshì – 텔레비전, TV
  ❾ 椅子 – yǐzi – 의자
  ❿ 桌子 – zhuōzi – 탁자, 테이블

2 ❶ 这儿有汉堡包。
   Zhèr yǒu hànbǎobāo.

  ❷ 这儿有中国菜。
   Zhèr yǒu Zhōngguó cài.

  ❸ 那儿有英语书。
   Nàr yǒu Yīngyǔ shū.

  ❹ 那儿有电视。
   Nàr yǒu diànshì.

맛있는 회화

1 동민 这儿有热狗吗?
  종업원 对不起，这儿没有热狗。
  동민 这儿有什么?
  종업원 有汉堡包和三明治。

2 [참고 답안]
  ❶ 我有哥哥。
  ❷ 我没有中国朋友。
  ❸ 我有汉语书。
  ❹ 这儿有面包和咖啡。
  ❺ 这儿没有电脑。

16과 给我们两杯可乐。
우리에게 콜라 두 잔 주세요.

맛있는 단어

1 ❶ 给 – gěi – 주다
  ❷ 两 – liǎng – 2, 둘
  ❸ 杯 – bēi – 잔, 컵
  ❹ 请 – qǐng – ~하세요, ~해 주십시오
  ❺ 等 – děng – 기다리다
  ❻ 一下 – yíxià – 한 번, 잠시
  ❼ 件 – jiàn – 벌[옷을 세는 단위]
  ❽ 孩子 – háizi – 아이
  ❾ 个 – gè – 개, 명
  ❿ 瓶 – píng – 병[병에 담긴 것을 세는 단위]

2 ❶ 给我们一瓶啤酒。
   Gěi wǒmen yì píng píjiǔ.

  ❷ 我有两本书。
   Wǒ yǒu liǎng běn shū.

  ❸ 那儿有两个学生。
   Nàr yǒu liǎng ge xuésheng.

  ❹ 这儿有一杯咖啡。
   Zhèr yǒu yì bēi kāfēi.

맛있는 회화

1 동민 我们要两个汉堡包。
  종업원 你们喝什么?
  동민 给我们两杯可乐。
  종업원 好，请等一下。

2 [참고 답안]
  ❶ 我吃汉堡包。
  ❷ 我喝可乐。
  ❸ 我有三本书。
  ❹ 我喝两瓶啤酒。
  ❺ 我有一支铅笔。

100만 독자의 선택
중국어 회화 시리즈 베스트셀러

최신 개정 **맛있는** 중국어 **회화** 워크북

MP3 파일 무료 다운로드

| 맛있는북스 ▾ | 🔍 |

x

14720

외국어 전문 출판 브랜드

www.booksJRC.com

9 791161 480527
ISBN 979-11-6148-052-7
ISBN 979-11-6148-051-0(세트)